豪放词侠辛弃疾

醉里挑灯看剑

杨 璐 著

中国书籍出版社
China Book Press

图书在版编目 (CIP) 数据

豪放词侠辛弃疾：醉里挑灯看剑 / 杨璐著 . -- 北
京：中国书籍出版社，2023.6
ISBN 978-7-5068-9468-5

Ⅰ . ①豪… Ⅱ . ①杨… Ⅲ . ①辛弃疾（1140-1207）
- 传记　Ⅳ . ① K825.6

中国国家版本馆 CIP 数据核字（2023）第 113656 号

豪放词侠辛弃疾：醉里挑灯看剑

杨　璐　著

图书策划	谭　鹏　成晓春	
责任编辑	张　娟　成晓春	
责任印制	孙马飞　马　芝	
封面设计	尚书堂	
出版发行	中国书籍出版社	
地　　址	北京市丰台区三路居路 97 号（邮编：100073）	
电　　话	（010）52257143（总编室）　（010）52257140（发行部）	
电子邮箱	eo@chinabp.com.cn	
经　　销	全国新华书店	
印　　厂	三河市德贤弘印务有限公司	
开　　本	710 毫米 ×1000 毫米　1/16	
字　　数	165 千字	
印　　张	14	
版　　次	2023 年 9 月第 1 版	
印　　次	2023 年 9 月第 1 次印刷	
书　　号	ISBN 978-7-5068-9468-5	
定　　价	56.00 元	

前言

"醉里挑灯看剑，梦回吹角连营。八百里分麾下炙，五十弦翻塞外声，沙场秋点兵……"这首热烈雄奇的《破阵子》既凝聚着南宋词人辛弃疾（1140—1207 年）的期盼与抱负，也道尽了他一生的忧愁与遗憾。

宋绍兴三十一年（1161 年），青年辛弃疾举起抗金义旗，率领将士们驰骋沙场，奋勇杀敌。彼时的他英气勃发，一身胆气。

宋淳熙七年（1180 年），辛弃疾任隆兴知府。在任期间，他因治乱救灾受到朝廷嘉奖，却也招来诽谤与攻击。那一年，他四十多岁，虽满身疲倦，已萌生退意，却始终难忘初衷，不改初心。可谓十年饮冰，热血难凉。

宋开禧三年（1207 年）秋，已年近古稀的辛弃疾缠绵病榻许久，眉间始终凝结着浓浓的愤懑与忧愁。临终之时，过往种种从耳旁呼啸而过，无尽的遗憾终于化为振聋发聩的一句："杀贼！杀贼！"

　　回首辛弃疾的传奇一生，从文武双全的志勇少年到宠辱不惊的带湖隐士，从刚拙自信的治世能吏到尘霜满面的迟暮英雄，他几经挫败，屡遭打击，虽有愤懑、无奈，却从不沉沦、颓丧。与生俱来的使命感一以贯之，紧紧连结起他生命的起点与终点。

　　行走在人生的旷野上，辛弃疾屡屡握紧了拳头，盼着能一洗国耻、收复河山，可是这拳头却又随着时光渐逝握了又松，他始终没能等到利刃出鞘的那一刻。深沉的理想一点点消融于冰冷的庙堂之上，纵有一身的文韬武略，却也难逃壮志难酬的命运。

　　一生郁郁不得志的辛弃疾索性将满腔的热血、激昂的志愿都化为了豪放的词。无数个暗夜，他醉眼惺忪，笔如游龙，在词里抒发愤恨："恨之极，恨极销磨不得。苌弘事、人道后来，其血三年化为碧"；在词里书写苍凉："将军百战身名裂。向河梁、回头万里，故人长绝"；在词里诉尽忧愁："人不负春春自负。梦回人远许多愁，

只在梨花风雨处";也在词里与世事和解:"甚矣吾衰矣。怅平生、交游零落,只今余几。白发空垂三千丈,一笑人间万事"。

他以词为剑,肆意挥洒英雄气概,于是世人读稼轩词,总能感到一种疾风骤雨般的冲击力量,读着读着,便豪气丛生,既感到痛快淋漓,再三回味时又觉情真意切、意蕴悠长。

"男儿到死心如铁",词坛飞将辛弃疾直至生命的最后一刻仍旧盼着能驰骋沙场,上阵杀贼;哪怕无人回应,也要无怨无悔地奉上一颗赤子之心。作为南宋豪放词派的杰出代表,他的才华辉映古今;作为抗金英雄,他的勇气和蓬勃的生命力始终温暖和激励着后人。

作 者

2022 年 11 月

目录

第一章

文武双全：热血激昂的青春岁月

辛弃疾，中国历史上的传奇人物，文可吟诗作赋，武能行军用兵，他既是烟雨楼台中的词坛领袖，也是烽火狼烟下的铁血将军。

辛弃疾的少年时代如同一场繁花似锦的梦。梦里的少年如烈日骄阳，带着几分疏狂，有剑指八方的锋芒，敢和万千敌军对抗。长枪策马，千里奔袭，是辛弃疾的开场，也是志勇少年以热血铸就的辉煌词章。

志勇少年，潜心求学

1140年五月，山东历城辛氏一族中添了一位男丁，祖父辛赞为其取名弃疾，字坦夫。

辛弃疾出生时距离靖康之变已过了十多年，此时的北方地区已尽数被金人占领，而辛赞也只能迫于形势，向金朝称臣，在金朝任朝散大夫一职。但辛赞始终念着建炎南渡的耻辱，一心想要起义抗金，所以他为孙子起名"弃疾"。这个名字与西汉名将霍去病的名字相对，祖父希望辛弃疾可如这位封狼居胥的少年将军一般，横刀立马，驰骋沙场，收复河山，青史留名。

也是在这一年，金朝撕毁盟约，向南宋发起了进攻。岳飞挥师北上，大败金军，收复了郑州、洛阳等大片河山。但南宋朝廷急于求和，命令岳飞班师回朝，原本大好的局势就此反转。此后，南宋便偏安一隅，在烟雨江南里享受片刻的安宁。但北方的反抗却从未停止，不甘心忍受外敌侵略的人们组织着一次又一次的反抗，将自己的一腔热血洒在这片锦绣山河之中。

辛弃疾两岁时，岳飞遭到构陷，与其长子岳云一起被杀害，威名赫赫的岳家军就此解散，金朝最大的威胁消失了，宋朝抗金的任务变得越发艰巨。或许是因为辛弃疾自幼读过岳飞的诗句，"靖康耻，犹未雪。臣子恨，何时灭"，所以尽管与岳飞不在同一时代，却有着同样的志向。远在历城的少年一直期盼着参加起义，击退金兵。

在辛弃疾还很小时，辛赞便教他兵法剑道，为日后的起义做准备。辛赞还常常带着辛弃疾登高远望，俯瞰远方的江山，告诉他哪里曾经发生过战争，哪里更适合起义。故而辛弃疾虽然年幼，却已经明白了国仇家恨重若千斤，不可忘却。

　　辛弃疾八岁时，拜当地大儒刘瞻为师，学习先贤典籍。刘瞻是金朝有名的学士，在诗文创作方面颇有心得，其诗淳朴自然、恬淡清丽。辛弃疾亦受到老师的影响，所作田园诗将田园生活描写得美好自然。

　　在求学期间，辛弃疾结识了同窗党怀英。辛弃疾与党怀英游走于青山绿水之间，登高望远，诉说着彼此的志向，成了志趣相投的好友。党怀英少有才名，辛弃疾同样才华出众，二人一时风头无两，被人们并称为"辛党"。

　　家人的守护、良师的教导、好友的陪伴，这些都成了辛弃疾求学生活中的一抹亮色，为原本枯燥的苦读增添了一些意趣。

辛弃疾故居

诗词欣赏

声声慢·嘲红木犀

辛弃疾

余儿时尝入京师禁中凝碧池，因书当时所见。

开元盛日，天上栽花，月殿桂影重重。十里芬芳，一支金粟玲珑。管弦凝碧池上，记当时、风月愁侬。翠华远，但江南草木，烟锁深宫。

只为天资冷澹，被西风酝酿，彻骨香浓。枉学丹蕉，叶底偷染妖红。道人取次装束，是自家、香底家风。又是怕，为凄凉、长在醉中。

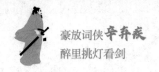

赏析

《声声慢·嘲红木犀》是辛弃疾所作，写的内容是儿时的回忆。

根据作者开篇所书，可知本首吟咏之物是其在汴京城内所见到的一株木犀。木犀在中国古代指桂树，而红木犀则是丹桂。

汴京城中有一凝碧池，池边便有丹桂盛开。作者见到这一景色，便想到了唐朝长安城的凝碧池，所以有"开元盛日，天上栽花"之句。安史之乱后，长安城内一片萧瑟，叛军却在凝碧池边宴饮庆祝。作者以此事暗指北宋国土被叛军占领，曾经的都城汴京也不再繁华。旧事已远，如今的宋朝都城却是江南风景，烟柳画桥。

下阕开篇以"天资冷澹"之句将焦点重

新拉回到桂树之上，嘲笑丹桂原本应是冷淡的颜色，却要学丹蕉，将自己染成红色。虽然改了颜色，却改不了香浓气息。这里，作者借嘲讽丹桂，来表达对金人的嘲讽。虽然金人占领了汴京，改了习俗，却难掩本质，始终是外来者。

作品借古讽今，借花论事。全篇句句是花，却将深层含义蕴于词句之中，意蕴悠长，可见作者创作功底之深厚。

乡试中选，两赴燕京

1154 年，十五岁的辛弃疾通过了乡试的选拔，得到了去金朝首都燕京参加科举考试的机会。然而，辛弃疾本无意入仕，他只是想要借此机会在路途中观测地形、收集情报。

　　辛弃疾一路打探消息，了解当地的风土人情，观察周边的地形，分析攻守的局势。到达燕京之后，辛弃疾更是忙于了解当下的形势，游走于茶馆、酒楼打探消息，无心备考。这个在旁人眼中无比珍贵的晋升机会，只是辛弃疾深入了解金朝的借口。

　　在考试中，辛弃疾故意失误，如愿落榜，这样他就能够在三年之后继续前往燕京打探情报了。

　　回到家中，辛弃疾和祖父一起整理搜集到的情报，分析局势，等待下一次机会的到来。在此期间，辛弃疾刻苦学习兵法，每日习武，韬光养晦。

　　三年后，十八岁的辛弃疾再次踏上了前往燕京的旅途。此时的辛弃疾已经成长为文韬武略俱全的翩翩少年，对于各路情报的处理也愈发成熟。

　　当同龄人还在埋头苦读、挑灯夜战时，辛弃疾独自游走于燕京城内的大街小巷打听消息。这让辛弃疾明白了搜集情报的重要性，也因此养成了搜集情报的习惯。

　　辛弃疾曾在其著作《美芹十论》中谈道，在两军对战之际，"知敌之情而为之处者，绰绰乎其有余矣"。意思就是，要了解敌军的基本情况，并能够做出适当的防御之策，这样在行军打仗时才能够游刃有余，从容以对。

　　两次燕京之行让辛弃疾对金朝首都的地形地势有了详尽的了解，

对燕京附近的军事部署也有了大体的认识。辛弃疾将两次调查的结果整理成册，成为分析战局的重要资料。

然而，辛弃疾整理的情报资料却没能帮上祖父。在辛弃疾二十一岁这年，辛赞去世了。一直以来，祖父就如同精神导师一般指引着辛弃疾，帮助他成长为能够独当一面的青年才俊，而祖父的去世无疑给了辛弃疾沉重的打击。

但现实却不允许辛弃疾沉浸在悲伤中，失去祖父庇佑的辛弃疾不得不思考自己未来的道路。《宋史·辛弃疾传》中有这样的记载，辛弃疾曾与党怀英一起用蓍草占卜，党怀英占卜的结果是"坎"，而辛弃疾得到的结果是"离"，于是党怀英决定留在金朝为官，而辛弃疾则决定离开北方，回到南宋。

占卜或许只是契机，辛弃疾的内心渴望回到南宋，回到自己思念已久的故国。

抗金起义，初露锋芒

1161 年，金朝皇帝完颜亮撕毁盟约，率兵攻打南宋。战争初期，金军攻势迅猛，宋军只能不断退守。

　　然而，由于完颜亮执政后期荒淫无度，已失民心，金朝的部分官员便乘机拥立完颜亮的同宗兄弟完颜雍为帝。留守东京（今辽宁辽阳）的完颜雍便乘机南下，发动政变，登基称帝。得知这一消息后，正在攻打南宋的金兵士气全无，节节败退。

　　在这样混乱的场面下，北方地区的诸多起义军乘势揭竿而起，向金朝占领的地区发起进攻。在济南，以耿京为首的起义军发展迅速，山东各地的起义军都先后投奔他们，辛弃疾也在家乡召集了一小支起义军投奔耿京。

　　耿京很是看重辛弃疾，让辛弃疾任掌书记一职，并将军中的大印交由辛弃疾保管。

　　在起义军中，有一名叫义端的僧人，因为擅长兵法而与辛弃疾交好，二人时常一起畅谈用兵之道。却不承想，义端利用辛弃疾的信任偷走了大印。

　　耿京听说此事之后，愤怒异常，想要将辛弃疾斩首示众，以示威严。好在辛弃疾反应迅速，立下军令状，言明自己三日之内必将大印追回，如若不然，甘愿接受军法处置。

　　辛弃疾快马急追，在前往金兵大营的道路上成功追上了义端，将大印取回。义端为了不让辛弃疾斩杀自己，说辛弃疾"乃青兕也，力能杀人"。青兕是一种形似犀牛的野兽，呈青色，有千斤重。义端在这里用青兕形容辛弃疾的勇猛，希望辛弃疾能够放过自己。但辛弃疾

并没有听义端的话，直接将其斩杀。

斩杀义端让辛弃疾在军中名声大噪，就连耿京也被辛弃疾的勇猛所震惊。这件事也给了辛弃疾一个崭露头角的机会，从此之后，耿京对辛弃疾越发重视。

水调歌头·舟次扬州和人韵

辛弃疾

落日塞尘起，胡骑猎清秋。汉家组练十万，列舰耸层楼。谁道投鞭飞渡？忆昔鸣髇血污，风雨佛狸愁。季子正年少，匹马黑貂裘。

今老矣，搔白首，过扬州。倦游欲去江上，手种橘千头。二客东南名胜，万卷诗书事业，尝试与君谋。莫射南山虎，直觅富民侯。

赏析

　　这首《水调歌头·舟次扬州和人韵》写于1178年，是一首追忆少年时光、哀叹壮志未酬的词作。

　　首句"落日塞尘起，胡骑猎清秋"写的便是完颜亮率兵攻打南宋一事。当时完颜亮表示要在九月打到南宋边境，并在此狩猎。"汉家"指代南宋军队，"列舰耸高楼"写出了南宋的水军防御之强。"投鞭"借用了苻坚投鞭断流的典故，用苻坚的失败讽刺完颜亮的自大。

　　"鸣髇"是《史记·匈奴列传》中的典故。鸣髇本为响箭，匈奴太子冒顿利用鸣髇射杀了单于头曼，这里是指完颜亮被自己的部下杀害。"佛狸"是北魏太武帝拓跋焘的小字，因其曾率兵南下，失败而归，作者便用这个典故指代金军南下进攻的失败。

"季子"是苏秦的字，作者以"季子"自拟，表示自己年少时同苏秦一样意气风发，而如今却老了。事实上，作者作这首词时不过壮年，但多年的蹉跎却让其感到疲倦，不得不承认自己已经没有了年少时的凌云之气。

在词的末尾，作者更是直言"莫射南山虎，直觅富民侯"。射虎指李广射虎一事，而富民侯是指西汉官员车千秋。车千秋因上书直言便被封为富民侯，任宰相之职。这里指谈论军事不能得到朝廷重视，不如做一个像车千秋一般的官员，仕途通畅，表达了作者一腔愤懑之情。

第二章

生不逢时：

屡被辜负的爱国情怀

辛弃疾，作为南宋豪放词派词人中的佼佼者被人们所熟知，人称"词中之龙"。但谁又能想到，辛弃疾最初的人生理想并非在诗词中，而是在战场上。

　　生于乱世，年少时的辛弃疾就以恢复中原为志向，于是他从军行、入朝堂、递政论，却壮志难酬，只能寄情于词，将夙愿诉于笔端。

率军南下，奉表归宋

辛弃疾

宋高宗绍兴三十一年（1161 年）十月，完颜雍发动政变，推翻完颜亮的统治，在辽阳府称帝，世称金世宗。金人政权的更迭让宋朝在与金人的对抗中迎来了转机，一心报国的辛弃疾也似乎看到了收复中原的希望。

审时度势，南下建康

完颜亮死于兵变，完颜雍刚夺帝位，金人暂时陷于新政权的内部斗争之中。而此时的宋朝军队在中书舍人虞允文的战略部署下，在长江水面阻截金人。宋军火烧金军三百余船，守住了长江，成功阻止了金人继续渡江南下的步伐。

面对宋金交战战局的变化，辛弃疾和耿京等山东义军首领们共同商议南下归附南宋朝廷。

辛弃疾不仅善战，且腹有诗书，成为代表义军南下联络朝廷的不二人选。绍兴三十二年（1162 年），辛弃疾、诸军都提领贾瑞等一行人南下建康（今江苏南京）面见宋高宗赵构。

辛弃疾一行人面见宋高宗之后，表明了愿意抗击金人、归附朝廷的决心，受到了宋高宗的称赞。宋高宗肯定了耿京军队对朝廷的忠心，并传达旨意，给予任命，耿京被任命为天平军节度使，辛弃疾为右承务郎、天平军掌书记，贾瑞授敦武郎、阁门祗侯，耿京所率领义军中有大大小小二百余将领均得到任命。耿京所率领的山东义军也正

式受大宋节制。

辛弃疾一行人身带任命状，回山东向耿京传达朝廷旨意，却不料山东的义军内部遭受了重大变故。

怒俘叛将，步入仕途

在辛弃疾等人南下与朝廷联络期间，山东义军中任将领的张安国被金军收买，将耿京杀害，义军内部大乱，不少参加义军的农民回归田园，留守的义军被迫跟随张安国投靠金人。

回山东的途中的辛弃疾，听到耿京被杀、义军大乱的消息后陷入了两难，回山东，山东已经再无他的立足之地，回建康，又无法向朝廷交代。"我缘主帅来归朝，不期事变，何以复命？"（《宋史·辛弃疾传》）

血气方刚的辛弃疾，带着对金人践踏中原的愤恨，以及对叛徒张安国的怒火，做出闯金营、俘叛徒的决定。

辛弃疾与交好的王世隆、马全福等将领商议之后，率一小队骑兵，向着金军军营杀气腾腾地袭去。彼时的张安国正在军营帐中与金人觥筹交错、举杯畅饮。

辛弃疾等人出其不意、来去如风，金军措手不及，张安国被俘。辛弃疾等 50 余人从五万金军之中杀出一条血路，一路疾驰南下至建康。

　　叛徒张安国最终被斩首示众。辛弃疾的智勇行为轰动朝野，宋高宗再见辛弃疾，也不由得连声叹息。"壮声英慨，懦士为之兴起，圣天子一见三叹息。"（南宋洪迈《稼轩记》）

　　宋高宗任命辛弃疾为江阴签判，时年二十三岁的辛弃疾也由此开始了他的仕途生涯。

诗词欣赏

汉宫春·立春日

辛弃疾

　　春已归来，看美人头上，袅袅春幡。无端风雨，未肯收尽余寒。年时燕子，料今宵梦到西园。浑未办、黄柑荐酒，更传青韭堆盘？

　　却笑东风从此，便薰梅染柳，更没些闲。闲时又来镜里，转变朱颜。清愁不断，问何人会解连环？生怕见、花开花落，朝来塞雁先还。

赏析

辛弃疾从金人占领的山东初到南方，心中迫切想着尽快收复北方失地。在寓居京口（今江苏镇江）时的一个初春，恰逢立春日，辛弃疾创作了这首词。

这首词的上阕着重写景色，下阕着重写心情。

初春时节，气温渐暖，女子们头上的袅袅春幡也预示着大地回春，但是偶尔的风雨天气还是会让人深感寒冷，燕子也没有从南方回到北方去，辛弃疾感受着初春景色，却没有心思准备过节的东西。

自立春后，春风就开始一刻不停歇地送着暖意装饰人间，新的一年开始了。照镜子时能看到自己的发须更多了几分苍白，容颜更多了几分苍老，心中愁绪万千，不忍也不

愿去看花开花落；时间飞逝，春天也会很快
过去，到时大雁北飞，恐怕比自己还要更早
回到北方。

辛弃疾是心中有远大志向的人，但现实
常不能遂人愿，春来春去、季节交替，在辛
弃疾的眼中，不仅仅是景色，而且是岁月的
流失。辞旧迎新，南方一片欢乐景象，而
北方却山河破碎，故土难收。一年又一年过
去了，纵然春景优美，但心中收复北方失地
的愿望始终还未实现，又怎能让他心中不苦
闷呢？

上递政论，频遭冷遇

江阴签判是文职，对于富有学问的辛弃疾来说，负责起草、书写来往公文，日常工作虽烦琐但并不难，令他苦恼的是满腔抱负无处施展，更得不到南宋朝廷的积极回应。

积极献策，无奈官微言轻

绍兴三十二年（1162年），宋高宗赵构禅位，宋孝宗赵昚继皇位，与金人是议和还是继续抗争，朝廷内部开始出现两种不同的声音。

也是在这一年，辛弃疾初到江阴任职，在对金人的态度上，他是主战的。江阴距离建康虽不远，但仍有一段距离，作为一个七品文官，他的声音如何才能传到朝堂上去呢？

很快，辛弃疾向朝廷直抒胸臆的机会来了。

宋朝督查军旅事宜的高级官员张浚来江阴巡视，此人在朝廷颇有威望，辛弃疾希望能通过拜见张浚来传达出自己对于宋金时局与战事的分析，并希望自己的建议能被朝廷听到和采纳。

辛弃疾找到合适的时机拜见张浚，大胆陈述了自己对宋金当下时局的缜密分析。

辛弃疾认为，金人一向对各地区、各族压榨严重，对军队"调发甚难"，再加上金人新政权刚刚建立，尚未站稳脚跟，因此正是宋军出兵的好时机，不妨多地分兵佯攻，分散金人兵力，再集中兵力攻打

和收复山东，切断金人对北方的控制，指出应"分几军趋关陕，他（金人）必拥兵于关陕；又分几军向西京，他必拥兵于西京；又分几军望淮北，他必拥兵于淮北，其他去处必空弱。又使海道兵捣海上，他又著拥兵捍海上。吾密拣精锐几万在此，度其势力既分，于是乘其稍弱处，一直收山东。虏人首尾相应不及……截成两段去"（《朱子语类》卷一百一十《论兵》）。

除了调兵战略，辛弃疾还指出宋朝廷可以鼓励地方起义军响应朝廷的出兵，官民合力打击金人。

这样的战略部署是辛弃疾经过深思熟虑而得出的，在当时宋金时局中也是一种较为合理的军事战略，可惜的是，张浚以其"只受一方之名""不能主之"的说辞婉拒。

实际上，张浚并非不认可辛弃疾的建言。辛弃疾的建议不无道理，只是张浚比辛弃疾更了解宋朝廷的党派之争，这样的建议必然会受到主和的保守党的反对。

后来，张浚终究还是写下了发兵山东的奏请。张浚之子携张浚的奏议呈递于朝廷，果然遭到了右仆射兼枢密使史浩的极力反对。史浩上疏朝廷，坚决否定张浚出兵山东的谋划。

史浩认为，宋人可以想到出兵山东牵制金人，金人就不能想到南下攻打两淮、荆襄牵制宋人吗？两淮、荆襄距离大宋京师很近，如若受袭，恐怕会伤及大宋根本，可能导致大宋完全沦陷。这样的顾虑看似合理，实际是过于保守、一味向金人妥协的态度。

无论过程究竟如何，辛弃疾所谋划的军事战略终究未能成行。

政论广传，实行却频频受阻

在辛弃疾的诗词广为人知之前，他的政论使得人们对当时的时局有了一个清晰的认识，也为当时的朝廷主战派增添了奋力反抗金人南下的信心，而且透过一篇篇政论，也使后人得以了解辛弃疾满怀壮志的爱国情怀。

辛弃疾的政论中，以《美芹十论》（又称《御戎十论》）《九议》为代表。

辛弃疾任职江阴签判，不能直接领兵去前线抗金，于是将收复中原的宏志和对当下时局的分析融入对朝廷进言献策的政论之中，在当时受到人们的称赞。《美芹十论》便是当时广为传诵的政论，可惜与民间反响热烈不同的是，朝廷反应冷淡。

辛弃疾的《美芹十论》共计十篇，分别为《审势》《察情》《观衅》《自治》《守淮》《屯田》《致勇》《防微》《久任》《详战》。前三篇内容主要为敌情分析，后七篇内容主要为攻防措施。辛弃疾认为，金人当下表面求和，其实只因战略准备不足，其南下之心不会改变，实际上金人是"欲战，而乃以和狃我""欲和，乃以战要我"，而且"以势论，虏不足虑"，大宋朝廷应该积极备战。可惜的是，朝廷却"以讲和方定，议不行"。

1170 年，辛弃疾再写政论《九议》，呈给当时的宰相虞允文。《九议》可以看作《美芹十论》的续篇，对《美芹十论》的核心论点进行了补充，但同样没有得到朝廷的重视。

　　毫无疑问，辛弃疾是一个在政治和军事上均有远虑的人才，但可惜的是受当时政局影响，他的才能并没有得到有效的施展，一腔爱国热情也终究只能落于笔端。

壮志难伸，寄情于词

1168 年，辛弃疾被调任到建康府（今江苏南京）做通判。通判是文官的一种，掌管粮运、水利等事务。尽管辛弃疾已经用《美芹十论》证明了自己的军事才能，但朝廷依旧没有重用他，而是让他到地方担任文官。

这样的结果不免让人失望。统治者长久以来的冷落让辛弃疾愤懑不已，但又无可奈何，只能将自己的豪情壮志寄托于诗词之中。

建康府是南宋的行都，地处长江沿岸，风景秀丽，商贸发达。辛弃疾闲暇时常四处赏玩，留下了诸多名篇佳作。

建康本是六朝古都，见证了朝代的兴衰更替，秦淮河更是奔腾不息，历经千年。因而，在建康登高远眺，更容易使人有怀古伤今之感。岁月无情，世事难料。江上波涛汹涌，朝中的局势亦如江水一般暗流涌动，争斗不断，不知何时才能守得云开，建功立业。

在漫长的等待中，辛弃疾也结识了很多朋友，其中不乏和辛弃疾一样主张北伐的同僚。辛弃疾便时常和这些朋友聚在一起，饮酒作词，高谈阔论，他的才名也在这一时期开始显露。

时任建康府知府的史正志同样也是主战派的一员，他很欣赏辛弃疾的才能，便邀请他参加自己组织的宴会，辛弃疾在席上写了一首《满江红》。这首词上阕称赞史正志如同大鹏一般才能出众，守护一方安宁，下阕却转入现实，表示自己认为史帅是有宰相之才的，不该流连在画舫清溪之中。

辛弃疾在词中表达了对主战派官员的殷切希望，"看樽前飞下，日边消息"，希望他们能够得到朝廷重用。这说明辛弃疾对北伐仍抱有希望，即便此时主战派的官员大多已深受现实打击，不愿再提北伐

之事，他也不曾放弃。

　　1170 年，辛弃疾被调回都城临安（今浙江杭州），任司农寺主簿一职。虽然调回了都城，却依然不得重用，辛弃疾满腹愁苦。看着临安城中新荷娉婷、烟雨蒙蒙的美景，他却道"醉中休问，断肠桃叶消息"。

诗词欣赏

念奴娇·登建康赏心亭呈史致道留守

辛弃疾

我来吊古，上危楼、赢得闲愁千斛。虎踞龙蟠何处是？只有兴亡满目。柳外斜阳，水边归鸟，陇上吹乔木。片帆西去，一声谁喷霜竹？

却忆安石风流，东山岁晚，泪落哀筝曲。儿辈功名都付与，长日惟消棋局。宝镜难寻，碧云将暮，谁劝杯中绿？江头风怒，朝来波浪翻屋。

赏析

这首《念奴娇·登建康赏心亭呈史致道留守》写于1168年，是一首怀古词。作者登上赏心亭，想到了魏晋名士谢安，一时有感而发，便有此作。

上阕开篇便是浓厚的忧愁，"上危楼、赢得闲愁千斛"。登楼远眺，只见孤帆远去，曾经龙蟠虎踞的帝都，如今也满是苍凉遗迹。

下阕用一"忆"字进入历史。遥想当年，陈郡谢氏便是这建康府中最有名望的高门贵族，族中子女更是芝兰玉树。有着"江左风流宰相"之称的谢安凭借淝水之战居功至伟，名满天下。然而从容如谢安，在受到帝王猜忌时，也只能隐居东山，靠着下棋消磨时光。

"碧云将暮"之句由怀古转入现实景色，"谁劝杯中绿"化用白居易《和梦游春诗一百韵》之句，"杯中绿"即为酒，这里指暮色将至，无人劝酒。

最后一句以"波浪翻屋"暗喻作者对国家前途的担忧，南宋如今的处境便如同江边的小屋，不知何时会被波涛掀翻。从这里也能够感觉到作者强烈的忧患意识和对时局不稳的忧虑。

侠骨柔情，琴瑟和鸣

在金朝时，辛弃疾曾娶妻赵氏，南下归宋后不久，赵氏便去世了。此后，辛弃疾一直没有再续弦。同样从北方而来的范邦彦觉得辛弃疾相貌堂堂，又是文武全才，便将女儿范氏许配给他。

范氏出身书香门第，聪明伶俐，与辛弃疾情投意合。但辛弃疾时常外调，夫妻二人总是聚少离多。辛弃疾在外任职时，范氏便时常给他写信，将家中大小事务说与他听。收到书信后，辛弃疾便会回信，讲一讲自己的近况。

或许这些书信中没有什么相思情浓、离愁难解的嗔痴，只是家长里短、柴米油盐的日常，但生活本就如此，平淡而琐碎。初见的悸动浸润了烟火气息，在岁岁年年的相守中二人的感情更加醇厚，爱意便如细水长流。

一日，辛弃疾在朋友家喝得酩酊大醉，被人送回。酒醒后看到了妻子贴在墙上的纸条，上面写着劝自己戒酒的话，一时感慨，便写了一首《定风波》，词云"起向绿窗高处看，题遍。刘伶元自有贤妻"。范氏想要辛弃疾戒酒，但在其醉酒后依旧细心照料，并用题字这样委婉的方式劝说辛弃疾，这让他很是感动。

辛弃疾曾为范氏写过一首祝寿词，感慨自己已经年老，妻子却还是朱颜未改的样子。二人年少相识，一往情深，到如今已生华发，仍不改初心。

或许这便是爱情最好的样子，将山盟海誓化作长久的陪伴，琴瑟在御，莫不静好。

诗词欣赏

青玉案·元夕

辛弃疾

东风夜放花千树，更吹落、星如雨。宝马雕车香满路，凤箫声动，玉壶光转，一夜鱼龙舞。

蛾儿雪柳黄金缕，笑语盈盈暗香去。众里寻他千百度，蓦然回首，那人却在，灯火阑珊处。

赏析

《青玉案·元夕》是作者对元宵节的描写。元夕即为元宵节。宋朝元宵节极为热闹，花灯挂满长街，远看如同璀璨星辰。华丽的马车穿行在街道上，行人络绎不绝。头戴朱钗的少女得了家人的应允结伴而行，欢声笑语不断。然而作者却无心赏灯，因为他正忙着找人。寻觅良久却没有结果，不经意地回头，却发现，要找的人就在灯火暗淡的角落。

上述是这首词的字面意思，王国维将"蓦然回首"一句归入人生三境界之一，更显其中意蕴深远。

辛弃疾心中有远大的理想抱负，自从南归以来，却一直不得重用，壮志难酬。但他

没有消沉，而是继续苦读兵法，为北伐做准备。因为他相信自己的理想总会实现。纵然要经历长久的寻觅，他依然愿意为之奋斗。

人生在世，不可能事事顺意，总有些事情是你苦苦追寻也没有结果的。但只要你不放弃希望，一直努力，最终一定能实现自己的人生价值。

第三章

越挫越勇：刚拙自信的治世能吏

辛弃疾南下归宋之后，一心怀着

抗击金军、收复失地的志向，然而在步入政

坛之后，他发现当政者偏安一隅、不思进取，这

令他十分苦闷。辛弃疾先后向朝廷献上了《美芹十

论》《九议》，详细陈述了抗金主张和策略，可惜

并未被采纳。但朝廷十分欣赏辛弃疾的才干，先后

任命他在安徽、江西、湖南等地担任要职。辛弃

疾也不负所望，他的果敢、自信让他逐渐成

为一位治世能吏。

任职滁州，除弊兴民

辛弃疾

宋孝宗乾道八年（1172 年）春天，朝廷派遣辛弃疾到淮河一带的滁州担任知州。这次任命对于辛弃疾来讲是一个新的机遇。辛弃疾进入南宋政坛之后，一开始都是担任一些品级不高的官职，滁州知州的任命是辛弃疾第一次担任地方最高行政长官，这也说明了朝廷对辛弃疾这个"归正人"的信任以及对其个人能力的认可。

历经战乱，百废待兴

辛弃疾接到任命之后，十分高兴地前往滁州，他想在地方上做出一番事业，逐步向着自己的理想靠近。然而，当他到达滁州之后，眼前的景象让他大为震惊。

滁州地处长江以北、淮河以南，在当时宋金对峙的局面下，滁州实际上已经是南宋版图的北方边境。宋孝宗隆兴年间（1163—1164年）宋金之间的战争让滁州饱受战乱之苦，早已成为一片废墟，到处都是荒凉破败的景象。虽然距离上一次大规模战争已经过去八九年，但滁州的重建始终没有什么成果。

究其原因，执政者认为滁州是南宋的边陲之地，难免时常经受战乱，所以不愿意用心建设整治。地方官员不作为，苦了滁州的百姓，百姓们由于害怕战乱，逃难者极多，留下来的人们只能在残破的瓦砾堆中搭建简陋的屋棚居住。由于环境不安定，很少见到商人的踪影，因而生活物资稀缺。百姓们穷困潦倒，物价却非常高昂，此时的滁州

可以说是百业萧条，民不聊生。

辛弃疾接手的滁州是一个烂摊子，在滁州的所见所闻令他十分痛心，同时也激发了他尽快改变滁州面貌的决心。辛弃疾作为新上任的滁州知州，在百姓面前做了保证，一定会精心治理，让滁州恢复繁荣昌盛的面貌。滁州人对于新任知州持拥护态度，同时也难免对辛弃疾能否改变当下的局面有所怀疑。

兴利除弊，施政有道

辛弃疾经过认真考察和分析，意识到要改变滁州萧条的面貌，必须让老百姓安定在本地休养生息，于是他制定了发展滁州的相应政策。辛弃疾实施的政策主要包含三个方面。

首先是降低征税的额度，让民众生活能够有所保证。同时，对于滁州所欠朝廷的税款，辛弃疾亲自上书朝廷，请求免除。朝廷对于辛弃疾发展滁州的态度十分赞赏，便批准了辛弃疾的请求。朝廷虽然免除了滁州百姓往年所欠的赋税，但当年要交的赋税仍要准时缴纳，而百废待兴的滁州根本没有钱上交。于是，辛弃疾就再次上书说明情况，请求朝廷恩典。朝廷不可能一再施恩，一张张催款文书不断到达滁州，辛弃疾却也不慌不忙，同样一次次将请求免除滁州赋税的报告上递朝廷。一来二去，时间一长，朝廷也没什么办法，滁州当年的赋税竟然真的免除了。这让辛弃疾大喜过望，滁州百姓终于可以安定地建设家乡了。

其次，辛弃疾很清楚不安定的社会环境使当时的滁州缺乏稳定的劳动力，导致农事荒废，所以他发布政令，广招流民，训练民兵，鼓励农业生产。灾民有了稳定的生活居所，自然想安居乐业。他们开垦农田，种植庄稼，又赶上天公作美，当年的粮食就获得了大丰收，民众的生活得到了极大的改善。

最后，辛弃疾为了解决当地物资短缺、物价高昂的现状，决定在滁州兴建酒楼、驿馆，为来往商人提供休息、交易、储存货物的场所，同时在政策上降低商业税收。当地重视商业、欢迎外地客商到滁州发展的信号，为吸引商贾来滁州做生意提供了有利条件。这些政策发布后，滁州果然客商云集，生活物资逐渐充足，物价得到了稳定。

辛弃疾在滁州颁布了一系列措施之后，百业渐渐兴旺，滁州官府也有了一定的税收。辛弃疾又将这些钱贷款给百姓，让他们修缮房屋、发展生产。仅仅用了半年的时间，曾经残破不堪的滁州城就恢复了繁华热闹的景象。百姓安居乐业，对于新任知州十分感激。

辛弃疾对于自己几个月时间取得的成绩十分满意，看到这欣欣向荣的面貌，他也非常高兴。他命人在滁州城内修建了一座标志性建筑——奠枕楼，用来纪念滁州焕然一新的面貌。他还写了一首《声声慢·滁州旅次登奠枕楼作》，描绘了滁州从一片废墟幻化出层层高楼的过程，以及车水马龙的街道上一片祥和太平的景象。最后几句，词人写道："从今赏心乐事，剩安排、酒令诗筹。华胥梦，愿年年，人似旧游。"可见辛弃疾对于自己治理下的滁州非常满意，滁州恢复了往日的繁荣，社会安定和谐，处处都是让人愉悦的景象，而辛弃疾自

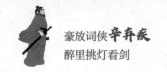

己也可以好好放松喝酒吟诗了。华胥梦是一个典故，传说黄帝曾经梦到自己到过一个叫华胥氏的国家，这里的一切都是那么和谐有序，人们都是善良勤劳的，不需要严苛的律法去约束。辛弃疾用这个典故表达了希望滁州在他的治理之下，也能像华胥氏那样长治久安、繁荣昌盛的美好愿望。

先知预言，震惊后世

辛弃疾利用很短的时间就在滁州取得了斐然的政绩，这让朝廷内的一些有识之士对他大加赞赏。但辛弃疾并没有沉醉在自己取得的成绩当中，他时时谨记自己的雄伟志向，经常思考宋金之间的局势。

少年时期的辛弃疾曾经两赴燕京，名为参加科考，实则"刺探军情"，他在金人统治的核心地区收集和记录了大量的军事资料。因为有过实地考察的经历和一手的调查资料，辛弃疾总是对宋金局势有一种敏锐的洞察力。在滁州担任知州期间，辛弃疾曾经提出过一个惊人的推断，并且将这一推断以书面形式上书给了朝廷。

辛弃疾的这一推断是："仇虏六十年必亡，虏亡则中国之忧方大。"这里的"虏"指的是与南宋朝廷对峙的金人，辛弃疾认为金人会在六十年后灭亡，那时候才是南宋的大危机。辛弃疾这一推断十分惊人，但也不是毫无根据的，他密切关注着金人的动向以及北方草原的发展局势，这样的结论是在搜集情报和进行分析的基础上得出的。

这似乎是一个先知预言，金朝果然在六十二年之后（1234 年）灭亡了。金朝灭亡后，蒙古统一了北方，之后便开始了对南宋的吞并行动。又过了四十五年（1279 年），南宋被蒙古所灭。

但是，辛弃疾将这份军事论断上递朝廷后并没有得到重视。南宋末年谢枋得在整理历史资料时发现了这份文书，不由得一声长叹："惜乎斯人之不用于乱世也！"

辛弃疾在滁州勤勉施政、奋发有为，取得了斐然的政绩，然而他在乾道九年（1173 年）的冬季生了一场大病。这场病非常严重，以至于他不得不离开治理了两年的滁州，回到京口（今江苏镇江）家中静养。

诗词欣赏

水龙吟·登建康赏心亭

辛弃疾

楚天千里清秋，水随天去秋无际。遥岑远目，献愁供恨，玉簪螺髻。落日楼头，断鸿声里，江南游子。把吴钩看了，栏杆拍遍，无人会，登临意。

休说鲈鱼堪脍，尽西风，季鹰归未？求田问舍，怕应羞见，刘郎才气。可惜流年，忧愁风雨，树犹如此！倩何人唤取，红巾翠袖，揾英雄泪？

赏析

这首词大约创作于淳熙元年（1174年）辛弃疾在建康（今江苏南京）任职期间，当时的南宋朝廷偏安于临安府，与金朝划长江而治。词人登上了建康赏心亭，北望苍茫辽阔的中原大地，抒发了壮志难酬、慷慨悲愤的情怀。

词的开篇描绘了一幅博大开阔的画面，千里辽阔，秋色绵延，长江水无边无际。词人抬眼望向远方，看到的"玉簪螺髻"正是被金人占领的山川大地，愁绪、仇恨一并袭来。落日余晖中，断鸿声声，实则是比喻词人自己。辛弃疾本是山东人，在江南是一个游子。他满心期盼夺回被占领的土地，于是拔出宝剑看了又看，无奈之下将栏杆拍遍，

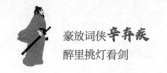
却没有人懂得他登临赏心亭的意图。

善用典故是辛弃疾词的一大特色，下半首词开头他分别用了"莼鲈之思""刘郎才气"两个历史典故，意为证明自己并不像那些只关注自己私利的人一样，置国家安危于不顾。"树犹如此"则用了东晋大司马桓温的典故，意在说明时光易逝，人何以堪。回想自己二十多岁南下归宋，如今年过而立，北伐大业全无进展，不禁流下了英雄泪。

这首词境界博大、情感深沉，是辛弃疾词作中典型的作品。全词基调虽然不是大开大合，字里行间却隐藏着词人内心的豪情壮志。辛弃疾渴望成为一名抗金复国的将军，但现实只能让他成为一个"江南游子"，这首词其实也是辛弃疾一生命运的写照和缩影。

执政江西，讨捕茶寇

辛弃疾

辛弃疾离开滁州之后的一年多时间，在建康（今江苏南京）、杭州等地任职，并且还得到了宋孝宗的召见。可是担任文官并非辛弃疾所愿，他的志向是成为一名驰骋疆场的将军，抗击金军，发挥自己的军事才能建功立业。这一理想显然与当时主和的朝廷格格不入，然而命运还是给了辛弃疾一次领兵作战的机会。

　　或许是朝廷内有人赏识辛弃疾在军事上的特殊才能，宋孝宗淳熙二年（1175 年），辛弃疾被任命为江西提点刑狱。提点刑狱是中央对地方进行监察的官职，主要负责刑狱之事，也能够监督和弹劾地方官员。辛弃疾获得新的任命，在仕途上其实是一个突破，相比于之前的官职，这次实实在在得到了提拔。朝廷任命辛弃疾为江西提点刑狱的同时也交给了他一项重要任务，即代表朝廷到江西剿灭四处作乱的"茶寇"。"茶寇"是由一群茶商组建起来的军事力量，也叫作"茶商军"。那么，为何会有这样一股军事力量的存在呢？这与当时的社会历史环境以及南宋的茶叶政策密切相关。

茶寇盛行，滋扰地方

　　自唐朝以来，饮茶之风盛行。发展到宋代，茶已经成为人们生活中必不可少的消费品。茶叶多生长在南方，而北方有大量的茶叶需求，所以就有了一批运输、贩卖茶叶的商人。

　　在南宋时期，政府为了获得高昂的赋税，禁止茶叶私下交易，必

须由国家统一管理。茶商们如果想贩卖茶叶，就需要到政府机构购买相应的贩运凭证，称之为"茶引"，按照规定到相应的地点销售。可是"茶引"价格非常高，如果茶商通过购买"茶引"进行茶叶的运输和销售，利润几乎被"茶引"压榨干净了。但商人绝对不会做无利可图的生意，他们铤而走险，组织了一支走私茶叶的武装队伍，如果遇到政府的阻拦就用武力解决问题。这股由茶商组建的队伍就被南宋政府称之为茶寇。

茶寇盛行，令朝廷非常头疼。朝廷一开始以为他们只是一群为了生计、钱财而冒险的毛贼，没想到茶寇的队伍逐渐发展壮大，在许多地区形成了有规模的组织。淳熙二年（1175 年）四月，湖北地区的茶商赖文正率领四百多名茶寇起义，在湖北、湖南等地颇有影响力。茶寇在湖南与政府军队展开激战，竟然打败了政府军队。后来他们又转移到江西境内，在吉州（今江西吉安）再次打败政府军队，还建立了地方割据势力，力量已经发展到了六七百人。这时朝廷才意识到这已经不是一股简单的毛贼，而是对朝廷安危造成威胁的反贼，于是派军队前去围剿。可是茶商军占据有利地形，以逸待劳，并且有当地百姓为他们提供情报，节节胜利。政府军队曾用数倍兵力准备将茶寇一举荡平，他们却假意投降，骗取政府军的信任，利用缓兵之计转移了阵地。

一股贼寇闹得如此沸反盈天，宋孝宗大为震怒，责备手下官员的无能，于是将他们一一撤职，同时朝廷也确定了讨捕茶寇的最佳人选——辛弃疾。

战术得当，大获全胜

辛弃疾来到江西，迅速将赣州、吉州以及湖南郴州、桂阳等地的士兵召集起来。当他第一次真正接触到南宋军队时也明白了为什么宋金之间激战多年，宋军总是吃败仗。这是因为宋朝军队中多有老弱病残，且士兵缺乏训练，勇武不足。辛弃疾命令将军队中的老弱士兵一律淘汰，替代以精壮的士兵。他又集思广益，听取当地官员的意见，总结之前讨捕茶寇的失败教训，制订了行之有效的作战计划。

通过了解，辛弃疾清晰地认识到，茶商军的人数并不是很多，但他们占据了有利地形，易守难攻。头领赖文正虽然是茶商出身，却也称得上足智多谋，所以政府军队吃了很多亏。辛弃疾认为，对付这样一支机动灵活、作战能力强的队伍，在大山里难以展开攻势。而且茶商军藏身的大山地形复杂，如果孤军深入，稍有不慎就会中了敌人圈套。

针对这一现实情况，辛弃疾制定了全套作战方案。首先是派兵扼守住大山的出入口，使茶寇难以转移阵地。其次是颁下重赏，从军队中挑选能征善战的兵士组成一支作风彪悍的队伍，在山中与茶商军展开游击战。另外，作战队伍与当地的乡兵互相配合，乡兵为其提供向导指引，作战队伍在山中搜索，抓捕贼寇。经过这样的缜密部署，讨捕茶寇的作战正式开始了。

茶商军一开始以为还是以前那些战斗力不强的政府军队，但当他们与辛弃疾派来的士兵交战后，发现此时的军队无论是作战能力还是

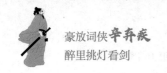

战术战法与之前都大不相同。作战队伍向他们发起主动进攻，且不断袭扰，让他们感到此次对手非同一般。大山的出入口均被辛弃疾的军队切断，茶商军赖以凭借的地形优势也不复存在，经过大概三个月的作战，辛弃疾的军队给茶商军造成了重创。赖文正率领一小支队伍逃到了江西南部，辛弃疾认为时机已经成熟，就派人到茶商军队伍中去招降。赖文正见自己的队伍人数越来越少，僵持下去只会全军覆没，便亲自到辛弃疾那里投降了。至此，在湖北、湖南、江西等地造成很大影响的茶商起义被辛弃疾彻底平定了。

辛弃疾圆满地完成了讨捕茶寇的任务，得到了朝廷的褒奖。通过这一事件，朝廷也更加认可了辛弃疾的军事才能。辛弃疾讨贼有功，在仕途上顺风顺水，按说应该是他春风得意的时刻。然而，在他心里并不认为这是多高的成就，因为他的军事才能并没有用在抗击金军上，而仅仅在南宋内部的平叛中小试牛刀，所以他无限感慨。在当时，朝廷内主战派的力量逐渐式微，金朝政权越发巩固，辛弃疾意识到北伐金人的难度也越来越大，不免心生愤懑。

淳熙三年（1176 年）的春天，辛弃疾经过万安县一个叫造口的地方，这令他思绪万千。这里曾经是金兵南侵的地方。宋高宗建炎三年（1129 年），金兵大举南侵，所到之处烧杀劫掠，生灵涂炭，百姓们为躲避战乱，背井离乡。当时的隆祐太后（宋哲宗的皇后，宋高宗的伯母）在金兵的追击之下乘船逃命，就是从造口这个地方上岸逃跑的。几十年前的旧事让辛弃疾悲愤难平，他想到金人铁蹄对大宋的践踏，想到那么多无辜受难的百姓，挥笔写下了《菩萨蛮·书江西造口壁》。短短数句，抒发了英雄志士的愤恨和叹息！

赣州郁孤台（重建）

菩萨蛮·书江西造口壁

辛弃疾

　　郁孤台下清江水，中间多少行人泪？西北望长安，可怜无数山。

　　青山遮不住，毕竟东流去。江晚正愁余，山深闻鹧鸪。

赏析

这首词是辛弃疾回想起当年大宋土地被金人肆意侵占、百姓流离失所的情景而创作的。

郁孤台其实是位于山顶的一个建筑，它高出平地数丈，其下便是赣江。当年这里的江水滚滚而去，其中也包含了无数流离失所的人们的眼泪。向西北方向眺望长安，可惜却被无数青山所遮挡。这里的长安指的是北宋都城汴京，这两句表达了思念故国的感叹。

接下来两句写道，青山毕竟挡不住流水，江水依然东流而去，意在表达相信有朝一日大宋必将恢复故土。但是现实并不乐观，作者内心也很忧愁。此时只有阵阵鹧鸪声，为这深沉的情感更添一分凄凉。

疲倦宦游，聚散匆匆

辛弃疾

淳熙三年（1176年）的秋天，辛弃疾被任命为京西路转运判官，前往襄阳任职。第二年春天又改派知江陵府兼湖北安抚使，此时的辛弃疾手中握有民政、军政大权，可以说得上是一个封疆大吏了。

在此期间，辛弃疾发现湖北境内盗贼迭起，治安混乱，抢劫、偷盗之事非常多，百姓生活受到了极大影响。辛弃疾对于盗贼向来采取铁腕手段，他为了迅速整治社会环境，颁布了十分严苛的法令。辛弃疾采用重典治理社会混乱的做法虽然不符合常理，但是在当时却起到了立竿见影的效果。通过一段时间的治理，湖北境内的社会治安得到极大好转。

淳熙四年（1177年）冬天，辛弃疾遇到了一件官司。江陵守军中的士兵与老百姓发生了冲突，长官率逢原纵容部下殴打老百姓，产生了十分恶劣的影响。辛弃疾经过调查，发现事件的责任完全在于军队一方，就去与率逢原当面理论，要求处理违纪的士兵。率逢原骄横跋扈，拒不配合，辛弃疾也是个刚拙自信的人物，交涉无果后决定让朝廷来评判。没想到率逢原动用了朝廷中的关系，最终率逢原虽然被降职，辛弃疾也被调往他地。明明是自己占理的官司，却同样受到了牵连。

此事之后，辛弃疾被派往隆兴（今江西南昌）任知府兼江西安抚使，虽然是平级调动，实则带有一定的降职意味。辛弃疾并不在意，他到了江西继续开展社会治理等工作。可是刚过了两三个月，辛弃疾又被调回京城临安（今浙江杭州）担任大理寺少卿，负责朝廷的刑狱案件审理工作。辛弃疾不断被调往各处，饱受奔波疲倦之苦，在他即将离开江西前往京城的时候，他将自己的感慨写入词中："聚散匆

匆不偶然。二年遍历楚山川。但将痛饮酬风月，莫放离歌入管弦。"
（《鹧鸪天·离豫章别司马汉章大监》）

回到京城后，辛弃疾更加深刻地认识到，自己之所以被不断调往
各处，根源在于自己是一个"归正人"。朝廷里大多是跟随宋廷南渡
的人或者土生土长的南方人，这些掌权者对于辛弃疾这么一个从北方
义军当中投靠而来的"归正人"是存在一定的偏见的。虽然皇帝赏识
辛弃疾的才能，让他在地方担任要职，他却不能在一个地方长期任
职，正是掌权者对这个"归正人"的偏见和嫉妒，使得他"二年历遍
楚山川"。同时辛弃疾也察觉到，年轻时一心期望北伐的宋孝宗已经
逐渐消散了那股锐气，如今他只想治理好当下的南宋朝廷，这不免让
辛弃疾大为失望。

毫无意外，淳熙五年（1178年）秋天，辛弃疾又被任命为湖北
转运副使。第二年春天，辛弃疾又被派往湖南担任湖南转运副使。年
近不惑的辛弃疾已经习惯了不断地辗转，他自知北伐的主张在当下是
不受欢迎的，于是便集中精力，在地方励精图治，想真正为国为民做
一些事情。而这一次他担任湖南转运副使，却又迎来了他事业上的另
一个高峰！

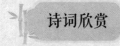
诗词欣赏

鹧鸪天·离豫章别司马汉章大监

辛弃疾

聚散匆匆不偶然。二年遍历楚山川。但将痛饮酬风月，莫放离歌入管弦。

萦绿带，点青钱。东湖春水碧连天。明朝放我东归去，后夜相思月满船。

赏析

    这首词作于淳熙五年（1178年），那时候的辛弃疾不到四十岁。那几年间，他在官场上备受排挤与打压，生活里也处处是离别。

    词上阕首二句，词人感叹道：他这两年几乎踏遍了楚地的每一个角落，看尽了楚地风光，也经历了太多次聚散离合。然而，这种聚散并不是偶然的。"不偶然"三个字十分耐人寻味，也侧面反映了词人无奈、郁闷、痛苦的心境。为了排遣烦闷的心情，词人宁愿和朋友们狂歌"痛饮酬风月"，享受难得的相聚时光，也不要沉溺在"离歌"里自怜自伤。

    词下阕，词人进一步描写起了东湖的美

景，他与友人正是在此离别。眼前水绿山青，暖风熏人，碧波荡漾，处处春风明媚。他如此眷恋这片土地，依恋身边的友人，实在舍不得离去。下阕末尾两句十分奇妙，堪称千古佳句。这两句描述的是想象之景，词人想象着他乘船离开此地后对朋友浓郁的思念，而读者眼前也出现了这样一幅场景：月光下，一叶孤舟在江水中漂泊无依，词人身影落寞，长久地凝视着明月、江水。

这首词抒发的感情浓郁真挚，给读者留下了深刻的印象。

建飞虎军，雄镇一方

辛弃疾

辛弃疾在湖南任职期间，深刻地认识到朝廷的政策与民生之间存在的矛盾，找到了引发社会危机的根源。他认为想让社会长治久安、百姓安居乐业，必须有一支可靠的军队来维护地方稳定。这一次，辛弃疾要在湖南大干一场了。

社会混乱，危机四伏

　　淳熙六年（1179 年），辛弃疾走马上任湖南转运副使，这是一个负责当地财政的官职。他来到湖南之后发现这里社会危机严重，起义频发。究其原因，是当地政府强加给老百姓的赋税过于沉重，加上豪强地主对百姓的剥削压迫，让百姓生存艰难。

　　这一年，湖南地区为了强行收购农民的粮食，实行了"和籴"政策。政府低价收粮已经让农民怨声载道，又遭遇官吏贪污、豪强盘剥，加在百姓身上的担子就更重了，导致民不聊生。"和籴"政策遭到了农民的强烈反对，当时在郴州有一个叫陈峒的人直接带领着农民造反。造反人群越聚越多，力量越来越壮大，竟然一连攻破了好几个县城。起义军队在短时间内就聚集了好几千人，并且还有不断扩大的趋势。

　　辛弃疾就是在这样的形势下被任命为湖南转运副使的。朝廷这时候派辛弃疾前往，想必是让辛弃疾再一次发挥他的军事才能，帮助朝廷镇压起义军。但是辛弃疾认真调查了湖南的情况后，认为事情并不

是那么简单。农民之所以造反，是因为政策弊端和豪强欺压导致农民没有生路，所以他们只能铤而走险，奋起反抗。从法理上讲，起义的农民是要被镇压治罪的，但从情理上讲，他们其实非常冤枉。辛弃疾对于这些奋起反抗的农民怀有极大的同情。

然而，辛弃疾对盗贼的这一态度引起了潭州（今湖南长沙）知府兼湖南安抚使王佐的不满。王佐认为盗贼蜂起对朝廷是极大的威胁，无论如何，反抗朝廷就应该被平定剿灭。于是手握大权的王佐调集重兵，对起义军进行残酷镇压。农民起义队伍节节败退，最后只好藏身大山之中。

辛弃疾认为此时的农民起义军已经不能对朝廷构成威胁，建议放他们一条生路，官府也不必对他们赶尽杀绝，应该将工作重点转移到农事生产上，否则今年的农业收成将受到影响。王佐则不这么认为，他想将闹事的农民一举歼灭，以绝后患。王佐的观点得到了宋孝宗的支持，于是他再次集结军队，彻底平定了这次农民起义。

体恤民情，为民请命

王佐因平叛有功得到了封赏，但辛弃疾心里却不是滋味，他深知一味靠强硬的镇压并不能解决湖南当地的根本问题，如果不对政策进行调整，今后仍然会出现类似的农民起义。这不仅消耗国力，更会有无数百姓惨遭杀害。

在这次农民起义被镇压后，辛弃疾经过认真思考，给宋孝宗递交了一份书面报告，叫作《论盗贼札子》。在这份文书当中，辛弃疾详细介绍了湖南本地的实际情况，他指出百姓的反抗源于贪官污吏和豪强乡绅的压迫，如果这一局面不改变，必然还会有更大的危机。同时辛弃疾为老百姓喊冤，农民生活难以为继，没有任何的生存空间，所以不得不起来造反，除了去当盗贼别无他路。

辛弃疾还向宋孝宗提出了整顿吏治、宽以待民的主张，认为只有这样才能让盗贼逐渐消除。就像他在这份报告中所写的那样："田野之民，郡以聚敛害之，县以科率害之，吏以乞取害之，豪民以兼并害之，盗贼以剽夺害之，民不为盗，去将安之？夫民为国本，而贪吏迫使为盗，欲望陛下深思致盗之由，讲求弭盗之术，无徒恃平盗之兵。"（辛弃疾《论盗贼札子》）

宋孝宗看了辛弃疾这份文书，对于他的提议非常重视。皇帝也很清楚，只靠强兵镇压并非"弥盗"之术，他也想改变湖南当地的混乱局面，所以对辛弃疾的这份报告亲自做了批复，并且给了辛弃疾特权，支持他进行整顿，让他"行其所知，无惮豪强之吏"。为了让辛弃疾更好地去做这件事，宋孝宗还让辛弃疾担任潭州知府兼湖南安抚使。此时的辛弃疾再一次掌握了地方大权。有了皇帝的支持，辛弃疾大喜过望，他要再一次做出一番成绩来。

湖南地区盗贼蜂起，治安混乱，辛弃疾最重要的任务自然就是消除盗贼。对此，他大刀阔斧地进行了改革。

辛弃疾首先做的是保障民生。淳熙七年（1180 年），湖南的郴州、永州、邵州灾害频发，饥荒严重，农民无所事事又为糊口犯难，

于是辛弃疾将他们召集起来，派他们兴修水利和交通工程，得到的报酬就是朝廷赈济的粮食。这样一来，人们劳动的积极性大大提高，很多基础设施在当年就投入使用，缓解了灾害对农民的影响。同时广大农民靠劳动得到了救命的粮食，最难的饥荒也熬了过去。民众通过劳动能够填饱肚子，他们当然不想去当盗贼和流民，社会治安也得到了改善。

接下来辛弃疾开始发展教育。农民起义队伍中多是一些没什么文化的底层人民，而且当中有许多是少数民族成员。辛弃疾重视教育，让当地人学习儒家思想，所谓"懂礼仪，知廉耻"，重视教化人心的作用。

与此同时，辛弃疾严厉整顿吏治。贪官污吏的存在是导致民生艰难的重要原因之一，他们强行摊派，中饱私囊。对于这类朝廷的"蛀虫"，辛弃疾毫不手软，直接对他们进行了弹劾，一些贪官因此被罢官。虽然这是一件利国利民的大好事，但辛弃疾这样的做法也得罪了一大批人，朝廷内许多官员对辛弃疾心生不满。

除此之外，辛弃疾还打击了地方豪强。经过调查辛弃疾了解到，湖南当地的乡社是豪强欺压百姓的重要势力。乡社原本是地方为了维护治安、抓捕盗贼的民兵组织，但是由于长期管理不善，这些队伍的本质发生了变化，他们不仅起不到维护社会治安的作用，还摇身一变成了欺压百姓的角色。某种程度来讲，乡社已经是另一种盗贼形式，严重影响社会稳定。有人建议将乡社完全取缔，但辛弃疾认为这一组织是缺乏管理，加以整顿还是能为地方发挥积极作用的。于是他将乡社化大为小，使之不易形成规模，派专人对他们进行管理，使之不再成为地方豪强欺压百姓的帮凶，最终豪强欺压百姓、乡社为祸地方的问题也得到了妥善解决。

经过辛弃疾的一番治理，湖南境内的治安得到改善，民众生活也得到了保障，他向宋孝宗承诺"弭盗"的任务圆满地完成了。

创建军队，雷厉风行

经过这番事情之后，辛弃疾有了更加深入的思考。他认为湖南境内屡次发生农民起义等暴动，当地政府很难轻易镇压，原因在于地方军队战斗力很差，并且缺乏系统训练。这样的军队如果与他国交战，必败无疑。于是他向朝廷提出了一个大胆的建议：要在湖南建立一支英勇善战的地方军队。辛弃疾连军队的名字都取好了，就叫"飞虎军"。

如果说在湖南整顿吏治、改善民生的政绩是立足当下，那么辛弃疾想要建设飞虎军的设想则是为了实现自己北伐中原、建功立业的理想抱负。辛弃疾始终没有忘记自己的远大志向。出身行伍的他也感受过"壮岁旌旗拥万夫"的豪迈，并且在江西任职期间曾亲自指挥军队剿灭了茶商军，如今要创建一支地方军队正是他梦寐以求的事业。

辛弃疾将建军的设想写成了文书，向朝廷递交了申请。没承想，宋孝宗竟然批准了。辛弃疾大喜过望，立刻着手进行军队的建设事宜。创建一支军队谈何容易，但辛弃疾有条不紊地进行着筹备工作，

一边选择军营地址，一边打造兵器，一边招募人马，在很短的时间内就打造出了一支千余人的地方部队。

辛弃疾这边干得风生水起，朝廷里却有人不乐意了。一些官员认为辛弃疾在地方创立军队，难免有隐患，于是就想要进行阻挠。辛弃疾有着刚拙自信的性格，越是有人阻挠，他干得就越起劲，所以飞虎军在前期的创建工作并没有受到太多影响。但是建立军队要面临许多实际问题，尤其是巨额的军费就难以解决。当时的朝廷是不可能拨款给辛弃疾组建地方部队的。辛弃疾也很清楚，创建飞虎军能得到宋孝宗的批准已经相当不易，根本不奢求朝廷拨款，所以凡是遇到的实际问题，他都靠自己善于斡旋的能力一一解决。

有一次，飞虎军的军营需要拓宽道路，但军队并没有充足的资金去采购石料铺路。辛弃疾经过思考，颁布了一条法令，凡是犯了罪的百姓、僧人，根据犯罪程度的不同，可以用相应数量的石料抵罪。这道命令看起来有些荒唐，但效果显著。命令一经发布，军营前很快就送来了大量的石料，石料的问题迎刃而解。诸如此类的事情不止一件，辛弃疾一直从大局考虑，不拘小节，为了完成建军的首要目标，他总会想办法变通斡旋。

军队的建设和发展需要大量的军费，辛弃疾也想了很多办法增加财政收入。他曾经将潭州当时实行的"税酒法"改为"榷酒法"，从而增加政府收入用作军费。税酒法就是民间百姓自己酿酒，售卖之前要向政府缴纳一定的税费，这是当时潭州酒类经营的方式。榷酒法则是官府收回了酿酒的权利，民间百姓不得酿酒，买酒需直接从官府机构购买。通过这样的改革，财政收入确实大大增加，军费的问题也得到了解决。但这种做法实则是与民争利，让一部分老百姓没有了收入，因而也招来了一些怨言。

军费问题得到解决后，辛弃疾加紧建设军营。当时正值南方秋季，秋雨连绵，营房所需的屋瓦没办法烧制，这可急坏了负责这一任务的下属，因为军营的建设需要二十万片瓦。他找到辛弃疾说明了情况，辛弃疾当机立断，向潭州城内的居民发布了一则通告，每家提供二十片瓦，官府用一百文钱收购。老百姓一听有这种好事，纷纷从自己家屋顶匀出了二十块瓦送到了军营，果然在两天之内凑出了二十万片屋瓦。

辛弃疾的建军举措有些不合常理，很快就有人向宋孝宗报告，说辛弃疾不体恤民情，强行摊派，在地方建军民怨很重。宋孝宗听了之后也担心辛弃疾在湖南建军会出现其他社会问题，就颁布了一道"御前金字牌"（宋代皇帝用以传递紧急事务的木牌），要求辛弃疾立刻停止飞虎军的建设。

辛弃疾收到"御前金字牌"后非常吃惊，他不想让自己的心血半途而废。沉思许久之后，他决定一边将金字牌暂时藏起来，一边加紧军队的建设工作。在很短的时间内，辛弃疾命手下将军营建造完毕，军队已经初具规模。此时大事已定，辛弃疾又赶紧向宋孝宗递了一个书面报告，介绍了飞虎军建设的整个过程，其中包含军队的选址、营寨的图形、建设所需的账目费用等。宋孝宗对辛弃疾的军事才能颇为欣赏，看到建军整个过程并无大的过失，且军队已经建设完成，也就不再追究。

至此，辛弃疾以非凡的智谋和过人的胆识精心打造了一支能征善

战的精锐部队，而且这支军队完全由辛弃疾指挥。从此以后，飞虎军"雄镇一方，为江上诸君之冠"，对于维护社会稳定起到了非常关键的作用。这支军队的威名逐渐被金人所知，金人称之为"虎儿军"。

辛弃疾一番心血创建的飞虎军，恐怕是他生平最引以为傲的事情了。然而他并没有获得领兵打仗、建功立业的机会。在这一年的冬天，朝廷再次任命辛弃疾为隆兴知府兼江西安抚使。这一次辛弃疾万般不舍，却也只能无奈叹息。离开湖南之前，他写了一首《送湖南部曲》的诗，诗中写道："青衫匹马万人呼，幕府当年急急符。愧我明珠成薏苡，负君赤手缚於菟。"

辛弃疾回忆了与部下共同创建飞虎军的情景，同时用东汉马援"明珠成薏苡"的典故为自己鸣不平。东汉时期的马援从交趾（今越南一带）打了胜仗还朝，因为喜欢吃当地的薏米就载了一车，有人诬告他私载了一车珍珠没有进献光武帝，光武帝因此对马援意见很大。辛弃疾认为自己像马援一样遭到了误解，这次被调离湖南，虽然心有不甘，但终究无可奈何。辛弃疾只能奔赴当年的故地，继续他的下一段旅程。

重回故地，铁腕救灾

宋朝统治者通常不会让一个封疆大吏长期执政一方，以免形成割据势力，对朝廷构成威胁。辛弃疾就是在这种政策之下不断被调往各地任职。

　　当辛弃疾再一次回到隆兴府时，这里正在经受一场旱灾，粮食减产严重，百姓吃饭都成了问题。辛弃疾延续了他一贯的铁腕作风，立刻下达了一道政令：闭粜者配，强籴者斩。意思是囤积粮米哄抬物价的人要被流放发配，缺粮人家如果强抢米粮就要被斩首。这是辛弃疾解决大部分人吃饭问题、稳定社会秩序的一道严苛政令。

　　光靠政令约束是解决不了根本问题的，辛弃疾召集了当地的官吏、读书人、商人和有一定能力的市民，决定发动大家的力量，想办法从其他地区运送粮米过来，解决隆兴府百姓的基本生活。没有本钱的，官府可以贷款，并且不收利息。果然，在短短一个月之内，很多地方就运来了粮食、物资，社会上物价也逐渐稳定，百姓们终于安稳度过了这次灾情。与隆兴府相邻的信州同样遇到了灾荒，信州知州向辛弃疾请求援助，本地的许多官员都认为应该先保证自己辖区内的百姓不忍饥挨饿，反对援助信州。辛弃疾却说，救助灾民不应该分地域，于是将一部分粮米运往了信州。有了辛弃疾运送的粮食，信州的百姓也平稳度过了饥荒之年。

　　辛弃疾善于变通的救济措施让隆兴府逐渐恢复了稳定，他也因救灾有功得到了嘉奖。朝廷内的官员，一些人为辛弃疾喝彩鼓掌，一些人则对他倍加怨恨。对于针对他的诽谤攻击，辛弃疾向来不在意。不过，他也深刻认识到自己北伐中原的志向越来越难以实现。因此，他总是在理想与现实的矛盾中作斗争。

在担任隆兴知府兼江西安抚使期间，辛弃疾在信州（今江西上饶）为自己营建了一个"世外桃源"，这就是后来的"带湖新居"。也许是多年的宦游奔波，让辛弃疾萌生了退隐林泉的想法。他亲自为自己的庄园设计了建造方案，在高处建造房屋，低处开辟田地，花径湖泊，应有尽有。辛弃疾认为"人生在勤，当以力田为先"，他自己也期待有一天能够躬耕田园，所以将新居中的一间房子取名为"稼轩"，并且自号"稼轩居士"。

淳熙八年（1181 年）秋天，辛弃疾的带湖新居终于竣工了。辛弃疾格外高兴，写了一首《沁园春·带湖新居将成》，词中表达了自己渴望归隐又徘徊不定的矛盾状态。然而他并不知道，当自己正犹豫之时，朝廷里却早已有人给他安排好了接下来的十年岁月。

诗词欣赏

沁园春·带湖新居将成

辛弃疾

三径初成，鹤怨猿惊，稼轩未来。甚云山自许，平生意气；衣冠人笑，抵死尘埃。意倦须还，身闲贵早，岂为莼羹鲈脍哉。秋江上，看惊弦雁避，骇浪船回。

东冈更葺茅斋。好都把轩窗临水开。要小舟行钓，先应种柳；疏篱护竹，莫碍观梅。秋菊堪餐，春兰可佩，留待先生手自栽。沉吟久，怕君恩未许，此意徘徊。

赏析

　　这首词创作于辛弃疾在信州的带湖新居即将落成之际。此时的词人在南宋的官场摸爬滚打将近二十载，而他自己也已年逾不惑，萌生了归隐田园的想法。

　　词的一开头作者用戏谑的手法展开：我要隐居的庄园已经竣工了，仙鹤怨恨我还不归隐，猿猴对于我仍然要追名逐利的做法感到吃惊。他们批评我平时喜欢把隐士当作人生理想，到了归隐之时还是要在尘世中奔波。

　　之后以仙鹤、猿猴劝诫的口吻展开：官场厌倦了就该回来了，做个闲人是越早越好的，不必效仿古人由于"莼鲈之思"才回去。你看江上的秋雁听到弓箭声就知道躲避，行船遇到惊涛骇浪就返回了，你其实也处于一个非常危险的境地。你可以在东边的山岗上建一个茅舍，把窗户邻水打开。想要坐着小船钓鱼，需要先种一些柳树；用篱笆围护竹子时要稀疏一些，这样就不会影响到观赏梅花。秋天的菊花可以食用，春日的兰花不妨佩戴，这些美丽的花都需要先生你亲自栽种，所以你快回来吧！

作者听了仙鹤、猿猴的介绍，沉吟了很长时间说：你们描述得非常美好，我也有这样的想法，但是担心皇帝不同意我归隐，所以还在徘徊犹豫。

整首词辛弃疾以仙鹤、猿猴与自己的对话展开，实则是作者自己的内心写照。辛弃疾是一个受儒家思想影响极深的人，他一方面想隐退，另一方面又想着建功立业，所以在他写这首词的时候，内心也是十分矛盾的。

第四章

归隐稼轩：

宠辱不惊的带湖隐士

辛弃疾在过去将近十年的时间里

分别在长江以北的滁州，以及江西、湖北、

湖南等地为官。虽然宦海沉浮，苦于奔波，但这

段岁月是辛弃疾仕途生涯最奋发有为的一段时间，

政绩斐然。但是辛弃疾刚拙自信的性格也为他的仕

途生涯埋下了诸多隐患，当他有意归隐田园的时

候，矛头直指他的一场风波突然袭来。自此，辛

弃疾开始了他长达十年的信州闲居生活。这

一次，辛弃疾真的成为一位隐士了。

屡遭弹劾，退隐山林

辛弃疾

宋孝宗淳熙八年（1181 年）冬天，辛弃疾由江西安抚使改任浙西提点刑狱。然而，正当他正准备出发赴任的时候，却被朝廷里的御史言官弹劾了。

攻击辛弃疾最为猛烈的是一个叫王蔺的官员，他对辛弃疾过去几年执政地方的经历进行编排，特别强调在湖南任职期间，创建飞虎军的事情。他弹劾辛弃疾"奸贪凶暴，帅湖南日虐害田里"，意思是辛弃疾为人奸诈贪婪、凶残暴力，在湖南任职的时候为害地方，百姓对他意见很大。对于辛弃疾铁腕执政、力排众议创建飞虎军，王蔺说他是"用钱如泥沙，杀人如草芥"，意思是辛弃疾为了达到目的花钱不计其数，对于百姓的性命毫不同情。尤其是皇帝颁出"御前金字牌"命辛弃疾停止建军时，他却置之不理，仍然进行军队的建设，犯了欺君大罪。

御史王蔺对辛弃疾的弹劾与诽谤得到了其他一些官员的附和，皇帝经过斟酌思考，认为辛弃疾确实在执政期间不够检点，理应获罪。辛弃疾毫无分辩的机会。就这样，刚刚任命的浙西提点刑狱直接被罢免，辛弃疾的一切官职也全都被削去了，封疆大吏瞬间变成了一介草民。

辛弃疾之所以会受到言官的攻击，与他平时不拘小节的铁腕作风明显有关。当年在湖南整治乡社、弹劾贪官、打击豪强得罪了不少人，辛弃疾又经常为了解决实际问题采用一些与朝廷法令不符的措施。长此以往，遭到弹劾是很正常的事情。

御史弹劾辛弃疾的罪责主要集中为两点：一是贪污，二是凶暴。辛弃疾为政地方，为了实现赈灾、讨寇、建军等目的，想办法增加财

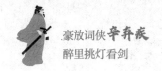

政收入，确实采取了一些非常规措施，但对于他本人贪污的罪名实则是中伤诽谤。辛弃疾在地方做了许多整顿社会、维护治安的工作，他具有铁腕作风，喜欢用雷厉风行的方式化解困境，这些的确容易引发争议，但是言官们说辛弃疾"杀人如草芥"则是别有用心的污蔑。辛弃疾在湖南任职期间，在上书给宋孝宗的《论盗贼札子》里就写道："臣生平刚拙自信，年来不为众人所容，顾恐言未脱口而祸不旋踵。"辛弃疾对于自己的这几句评价也印证了他被弹劾的根本原因。

无论如何，如今的辛弃疾再也不用纠结于仕途上的进退问题，弹劾他的官员直接帮他做出了选择。宦海沉浮二十载，现在是无官一身轻，反而如释重负，辛弃疾终于可以自由、惬意地闲退在刚刚竣工的带湖新居了。从这一刻起，曾经文武双全的治世能吏辛弃疾变成了退隐林泉、诗酒自娱的辛稼轩。

满江红·山居即事

辛弃疾

几个轻鸥，来点破、一泓澄绿。更何处、一双鸂鶒，故来争浴。细读离骚还痛饮，饱看修竹何妨肉。有飞泉、日日供明珠，三千斛。

春雨满，秧新谷。闲日永，眠黄犊。看云连麦垄，雪堆蚕簇，若要足时今足矣，以为未足何时足。被野老、相扶入东园，枇杷熟。

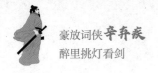

赏析

　　这首《满江红·山居即事》写于辛弃疾远离官场、退隐山林多年后。与辛弃疾其他作品相比，这首词语调轻松畅快，将词人充满自然野趣的退隐生活刻画得活灵活现，突出了词人悠游闲适的心境。

　　词的上阕着重描画了山野自然风光，无论是"轻鸥点破"还是"鸂鶒争浴"都是动中含静，生动自然，充满趣味。寥寥数笔，就为读者勾勒出一幅山中夏日美景图。"细读离骚还痛饮，饱看修竹何妨肉"描写的则是词人自我的心境，他满足于现有的生活，心中再无多余的欲望与杂念。上阕末句则又将笔调重新聚焦于自然美景，更进一步烘托出了词人安贫乐道的高尚品格和超逸绝伦的精神境界。

词的下阕开篇着重刻画了祥和宁静的山居环境，读者眼前也仿佛出现了这样的场景：麦田里丰收在望，四处一片金黄，黄牛卧伏在田埂上，无所事事地打着盹儿。"看云连麦垄，雪堆蚕簇"等句进一步描写美好的山居生活，读来不由令人心生向往之情。"被野老、相扶入东园，枇杷熟。"末句则将乡间野老们那种淳朴、敦厚与善良刻画得恰到好处，生动传神。

这首词温情隽永，意蕴深长，是辛弃疾的经典作品之一。

自耕自足，诗意生活

辛弃疾

从淳熙九年（1182年）开始，辛弃疾没有了官场案牍的牵绊，一直居住在信州的带湖新居长达十年。

带湖原本是一泓普通的湖泊，最初并没有名字，辛弃疾选定了在湖周边建庄园之后，见此湖形状狭长，湖水澄澈，如同一条宝带，就将其命名为带湖。

闲退之后的生活与之前是完全不同的，对于辛弃疾来说这是一种前所未有的体验。虽然没有了官职，他却也乐于接受新的现实。辛弃疾成了带湖边的一个寻常百姓，但他又是如此的与众不同，他曾写过一首《菩萨蛮》表达回归田园的心情："稼轩日向儿童说。带湖买得新风月。头白早归来。种花花已开。功名浑是错。更莫思量着。见说小楼东。好山千万重。"

可见，辛弃疾对于如今的生活状态还是非常满意的。当初他亲自设计庄园时就是按照"高处建屋，低处辟田"的方案建造的，他还为自己取了别号"稼轩居士"，"稼轩"寄托了辛弃疾对于理想生活的向往。他渴望躬耕田园，不再关心世间的纷纷扰扰，这一切竟然在中年之后真的实现了。突然闲下来的时光让这位大词人有了更多的精力创作出更好的作品。辛弃疾的《水调歌头·盟鸥》这一首词则更明显地表现出他闲居带湖的惬意："带湖吾甚爱，千丈翠奁开。先生杖屦无事，一日走千回。凡我同盟鸥鹭，今日既盟之后，来往莫相猜。白鹤在何处，尝试与偕来。破青萍，排翠藻，立苍苔。窥鱼笑汝痴计，不解举吾杯。废沼荒丘畴昔。明月清风此夜，人世几欢哀。东岸绿阴少，杨柳更须栽。"

作者一开头就直接表达了对带湖新居的喜爱，喜爱到什么程度

呢？自己每天没什么事情，就拄着拐杖一天走上千百回欣赏湖边的美景。这首词题目中的"盟鸥"其实是颇有深意的，辛弃疾用古代的一个故事来表明自己此时归隐的态度。"盟鸥"这个故事想要说明的是，海鸥只有认为一个人没有心机、内心纯洁时才会亲近他，当人有了世俗的城府之后，海鸥就会远离他。中国古代的文人隐士常用"鸥鹭忘机"来形容自己归隐的心态，辛弃疾以"盟鸥"为题就是想表明，自己是真心实意想要在带湖隐居了。

辛弃疾在这首词中有新奇的想象，他与海鸥、白鹤一起对话，还嘲笑鸥鸟不懂得与自己一起饮酒的快乐，却在湖面上痴痴地盯着湖里的鱼。带湖新居原本是一片荒废的沼泽山丘，如今由于自己的到来成了一派清风明月的景象。辛弃疾还觉得带湖东岸的绿荫还不够多，准备下一步继续栽种一些杨柳。

辛弃疾对于耕种之事非常推崇，家人生活所需的粮食都要求自己种植，带湖新居地势较低的位置就是他耕种的地方。在耕种的过程中他有了与当地农民亲密接触的机会，这是他以前为官过程中前所未有的经历。农民生活虽然清苦，但那份宁静与淡然的农趣令他十分喜欢，这也让辛弃疾词作的题材得以拓展。闲居带湖的十年里，他写下了大量表现农村生活的作品，字里行间透露着无限的宁静与美好。

诗词欣赏

西江月·夜行黄沙道中

辛弃疾

明月别枝惊鹊，清风半夜鸣蝉。稻花香里说丰年，听取蛙声一片。

七八个星天外，两三点雨山前。旧时茅店社林边，路转溪桥忽见。

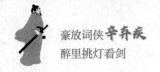

赏析

　　这首词创作于作者被弹劾之后闲居信州期间，描写了一派别有情致的夏夜乡村景象。辛弃疾虽然闲退在带湖新居，但他经常到周边游览旅行。黄沙岭就是作者经常游览的地点之一。

　　这首词开头，作者将明月、树枝、鹊鸟、清风、鸣蝉等寻常事物巧妙组合，描绘出了一幅如诗如画的美景。明月初升，树枝上的鸦鹊被吓跑了，清风徐来，在静谧的夏夜蝉声不断。

　　后面一句则是作者想表达的重点，一阵稻花香袭来，农人谈论着丰收的年景，池塘里传来一片青蛙的叫声。辛弃疾闲退之后与农民的联系是十分紧密的，他与农民同呼吸、同劳作，感受着他们的欢喜和忧愁。如今恰逢丰收年景，作者自然喜不自禁。下半首词作者将视野拉开，白云外闪耀着七八颗星星，群山前飘洒过两三滴雨水，这些景象与上半首的清风明月相融合，透露着淳朴的乡土气息。词的最后作者将视线回归到自己所在的山路和小桥上，面对不断变换的美好景色，作者喜出望外，不知不觉就走到了旧时的乡村小庙和茅草店，内心的喜悦已经让他忘记了路程的远近，只顾得醉心其间，享受着这份难得的惬意。

这首词只用平实的语言和平凡的事物，不加雕饰，却勾勒出一幅悠然的乡村景象，令人心驰神往，这是稼轩词中的别样风格。辛弃疾闲居期间有了更多的时间深入乡村生活，体察民情，为他的文学创作开拓了全新的境界。

共饮瓢泉，同游鹅湖

辛弃疾

辛弃疾在带湖新居过着诗酒流连、自耕自足的惬意生活，然而他就真的与世隔绝、内心再无波澜吗？事实上并非如此。居庙堂之高则忧其民，处江湖之远则忧其君。虽然辛弃疾希望成为一个真正的隐士，但对于过往的生活、曾经的志向总是难以放下，从这个角度来讲，辛弃疾是退而不隐。即便在宁静闲适的环境中，他抗金复国、建功立业的志向也从未泯灭。现实与理想的矛盾仍然是他不断思考的事情，因此在他的词作中总是流露出壮志难酬的慷慨激昂。

　　有一次，辛弃疾去了信州周边的博山旅行，晚上住在了那里。面对着急风吹雨、破窗作响的景象，他写道："平生塞北江南。归来华发苍颜。布被秋宵梦觉，眼前万里江山。"（《清平乐·独宿博山王氏庵》）

　　平淡的语言饱含着浓烈的情感，这是一介布衣对终生理想的热切期盼。空怀壮志却无可奈何，辛弃疾唯有仰天长叹，所以他经常借酒浇愁："近来愁似天来大，谁解相怜。谁解相怜。又把愁来做个天。都将今古无穷事，放在愁边。放在愁边。却自移家向酒泉。"（《丑奴儿·近来愁似天来大》）

　　辛弃疾的愁源于对于国事的无能为力，愁似天大，嗜酒的词人恨不得整日生活在醉梦当中。好在闲退信州的岁月里，辛弃疾并不是彻底地与世隔绝，他经常与志同道合的朋友写信交流。其中，他与陈亮之间的交往最被世人所称道。

　　陈亮字同甫，号龙川先生，浙江永康人。陈亮文采斐然，学问渊博，同时性格狂放，为人不羁。他喜欢谈论兵法，纵论军国大事，也是一位力主抗金的志士。陈亮与辛弃疾有着同样的志向，这两位当世

英雄的相会实在是一件幸事。其实辛弃疾与陈亮是旧相识，早年两个人就常有书信往来。年轻时的陈亮屡次应试但榜上无名，他还因为得罪权贵被人诬告下过大狱，而当时营救他的人就有辛弃疾。如今两个人都步入中年，但志向从未改变，陈亮千里迢迢专程来拜访辛弃疾，让辛弃疾喜出望外。

对于老朋友的来访，常年闲居的辛弃疾欢喜之情溢于言表，他专门安排与陈亮到铅山的瓢泉游玩。瓢泉是辛弃疾在铅山县发现的一泓无名泉水，由于泉水飞泻而下，落入一个瓢形的石潭中，辛弃疾便为其取名为"瓢泉"。这泓泉水异常清澈，饮之甘洌清甜，辛弃疾非常喜爱。在日后的生活中，辛弃疾还专门建了几座茅屋在瓢泉边居住。

在瓢泉附近还有一处著名的名胜叫作鹅湖，湖光山色，风景秀美。两个志趣相投的人共饮瓢泉，同游鹅湖，批判时局，畅谈国事直至深夜，真乃人生一大快事。尤其对于辛弃疾来说更是如此。因为辛弃疾此时正染小疾，陈亮的来访让他心情大好，内心的阴霾一扫而光，病也好了大半。辛弃疾在一首《贺新郎·同父见和再用韵答之》中写道："我病君来高歌饮，惊散楼头飞雪。"在自己生病的时候有老朋友前来相会，饮酒高歌，这气势将房顶的飞雪都驱散了。

辛弃疾对于陈亮是非常欣赏的，在这首词最后写道："我最怜君中宵舞，道'男儿到死心如铁'。看试手，补天裂。"陈亮为人豪迈，文武兼备，他曾对辛弃疾说自己经常在凌晨就舞剑练功，男子汉到死内心的志向都要像铁一样坚定，辛弃疾对此十分赞许。他也给老朋友送上了祝愿：希望能看到你用这双拯救苍生的手为恢复中原建立功勋！

辛弃疾与陈亮惺惺相惜，两位当世豪杰虽然满腹经纶，壮心不已，却报国无门，英雄无用武之地。一个是被罢黜郁郁不得志的官员，一个是被朝廷轻视的俊才书生，不得不说是时代的悲剧。

陈亮在辛弃疾这里停留了十天告辞离去，辛弃疾依依不舍地送别了故友。陈亮离开的第二天，辛弃疾十分后悔没有挽留住朋友，他立刻备了车子前去追赶，但一路风雪交加，过了一夜哪里还追得上。辛弃疾非常失望地喝了一场闷酒，还写了一首《贺新郎·把酒长亭说》记录了这件事："陈同甫自东阳来过余，留十日。与之同游鹅湖，且会朱晦庵①于紫溪，不至，飘然东归。既别之明日，余意中殊恋恋，复欲追路。至鹭鸶林，则雪深泥滑，不得前矣。独饮方村，怅然久之，颇恨挽留之正是遂也。"

辛弃疾在词的开头用一段文字记录了他与陈亮相会和分别的过程。陈亮的辞别让辛弃疾满腹牢骚，他在词中写道："佳人重约还轻别。""问谁使、君来愁绝？铸就而今相思错，料当初、费尽人间铁。"辛弃疾把陈亮比作一位"佳人"，对他说：既然你这么重视鹅湖相会怎么能如此轻易地离去呢？不知道是谁让你来到我这里给我增加了这么大的烦恼，你不来还好，来了我竟然又轻易把你送走了，这是我费尽人间铁而铸成的大错。

辛弃疾把满腹的委屈化作了对老朋友的责备和埋怨，其实是表达了对陈亮深厚的感情。因为辛弃疾把陈亮视作知己，他的许多作品也是因为陈亮才诞生的，就像那首《破阵子》，"醉里挑灯看剑，梦回吹角连营"，这种豪迈的情怀，也许只有陈亮才能懂。

---

① 南宋时期理学家朱熹，号晦庵。

诗词欣赏

破阵子·为陈同甫赋壮词以寄之

辛弃疾

醉里挑灯看剑，梦回吹角连营。八百里分麾下炙，五十弦翻塞外声，沙场秋点兵。

马作的卢飞快，弓如霹雳弦惊。了却君王天下事，赢得生前身后名。可怜白发生！

赏析

　　辛弃疾与好朋友陈亮志同道合，二人堪称知己，抗金复国、建功立业是他们共同的理想。虽然两个人见面的机会不是很多，但经常有书信来往，这首词便是辛弃疾寄给陈亮的。

　　词的上半首描绘了沙场点兵的壮观景象，然而这并不是作者创作这首词时亲身经历的情景，而是当他醉酒之后在梦中见到的画面。夜深人静之时，作者夜不能寐，因为他内心时刻激荡着抗金复国的壮志豪情，因而在醉酒之后"挑灯看剑"，沙场点兵的场面铺陈展开。军营里的将士们吃着将军分给他们的烤牛肉，听着慷慨激昂的战斗乐曲，军容雄壮，士气高昂，此时出征必然是战无不胜。

　　词的下半首则描绘了征战疆场的画面，铁骑飞快地奔驰，弓箭如霹雳一般轰鸣，战

士们身先士卒、奋勇杀敌，很快就取得了胜利。将士们之所以这样奋不顾身，只为完成收复中原的大业，为国立下不朽战功是他们的无上荣耀。如果一位将军能驰骋疆场、建功立业，那将多么激动人心。但是到了词的最后，作者又不得不回到现实中来，酣畅淋漓的战斗画面只存在于梦中，而自己却已经两鬓斑白，空怀壮志，令人惋惜。

　　事实上，作者在词中描绘的报国志士就是自己的写照。早年的辛弃疾曾经"壮岁旌旗拥万夫"，而现如今闲退在家，却也烈士暮年壮心不已，为国征战的决心从未动摇。但现实中，理想却越来越遥远，因而不得不发出遗憾的喟叹。一首"壮词"却以"可怜"结尾，这是作者的悲剧，也是时代的悲剧。

稼轩词风，不拘一格

辛弃疾

中国古代有许多在文学领域取得重大成就的大家，他们通常有一个共同特点——仕途坎坷。他们学富五车、满腹经纶，想将平生所学用于治国平天下，然而总是宦海沉浮，动辄获罪。文章憎命达，当他们有了不平凡的人生经历，对生命和现实有了更成熟的思考时，就会创作出流传千古的名篇佳作。

辛词实为"陶写之具"

辛弃疾自幼文武兼修，写诗作词不在话下，早年的作品虽然多有佳作，但风格、境界与中年之后的作品相比截然不同。辛弃疾在信州闲退的十年间，与湖光山色为伴，与农人渔父为邻，除了创作出了一批慷慨激昂的典型的辛派豪放词，更写出了许多田园牧歌式的清新之作。

淳熙十五年（1188 年），辛弃疾的门生范开编写了《稼轩词甲集》，自此辛弃疾的作品得以刊行于世。范开是辛弃疾的弟子，字廓之，辛弃疾曾经写词勉励他，他也非常了解辛弃疾。他曾对辛弃疾做出过这样的评价："虽然公一世之豪，以气节自负，以功业自许，方将敛藏其用，以事清旷，果何意于歌词哉，直陶写之具耳。"（《稼轩词序》）

范开说辛弃疾是一位英雄豪杰，以自己的气节为骄傲，以建功立业为人生目标，但是他被迫收藏起自己的才干写出了清新旷达的词作

时，并非想在写词上取得什么成就，他的创作是为了给自己陶冶性情而服务的。

这一评价很中肯，辛弃疾自己也对自己有过类似的评语："少年横槊，气凭陵，酒圣诗豪余事。"辛弃疾说自己少年时代喜欢横槊练武，气概压倒所有人，像喝酒写诗那只是我的业余爱好而已。命运就是如此，原本作为业余爱好的文学创作，反而成了辛弃疾留给后世最宝贵的财富。

辛派豪放，慷慨深沉

辛弃疾在信州的十年词作境界开阔、题材广泛、情感深沉，铸成了辛词的典型风格。豪放词的创作始终是辛弃疾追求的方向，从少年时代起他就写过许多慷慨之作，不仅气势宏大，且"硬汉"特征明显。

辛弃疾与好友陈亮之间互相唱和，创作出了许多名篇，如"我最怜君中宵舞，道'男儿到死心如铁'。看试手，补天裂。"（《贺新郎·同父见和再用韵答之》）"醉里挑灯看剑，梦回吹角连营。"（《破阵子·为陈同甫赋壮词以寄之》）

在信州闲退期间，辛弃疾还有另一位朋友名叫韩元吉。韩元吉是开封人，年长辛弃疾二十多岁，无论在政坛还是文坛上都是辛弃疾的前辈。韩元吉少年时期经历了"靖康之变"，被迫南渡，成年后发奋读书，在政坛颇有名望。他也是一位期望抗金复国的志士，所以辛弃疾与之接触频繁。辛弃疾在信州生活时期，韩元吉已经步入晚年。韩元吉寿辰时，辛弃疾为他写过一首词："渡江天马南来，几人真是经纶手。长安父老，新亭风景，可怜依旧。夷甫诸人，神州沉陆，几曾回首。算平戎万里，功名本是，真儒事、君知否。况有文章山斗。对桐阴、满庭清昼。当年堕地，而今试看，风云奔走。绿野风烟，平泉草木，东山歌酒。待他年，整顿乾坤事了，为先生寿。"（《水龙吟·甲辰岁寿韩南涧尚书》）

在这首词中，辛弃疾表达了对韩元吉的敬重，他说韩元吉堪称自宋廷南渡后的经纶济世之才，又说起身处中原沦陷区的百姓仍然期盼着大宋北伐，但现实依然是山河破碎，真正思考这些事的人不多了，万里平戎建立功业是读书人的事情。辛弃疾认为韩元吉的文章可以与文坛泰斗齐名，如今虽然闲退在家只是没有遇到合适的时机。他期待着韩元吉能够大显身手，再次出山。如果有一天中原得以收复，国家实现统一，他会亲自来给韩元吉祝寿。

辛弃疾的豪放并非故意为之，而是总是在日常事物中情不自禁地流露出来，这是一位爱国志士慷慨激越、热血难凉的悲歌。辛弃疾在现实中没有成为建功立业的将军，但在词坛之上却获得了这一赞誉，就像清代文学家陈廷焯评价的那样："词至稼轩，纵横博大，痛快淋漓，风雨纷飞，鱼龙百变，真词坛飞将军也。"

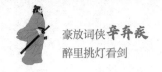

田园风情，信手拈来

在信州闲退的岁月里，辛弃疾创作了一大批表现农村生活和田园风情的作品，这是他文学创作的一大突破，同时也取得了极大的成就。辛弃疾从政时期关心人民疾苦，退隐之后与人民有了更加充分的接触。他本人对于农事又十分推崇，由此创作出一些朴素清丽的乡村小词是自然而然的事情。

辛弃疾很喜欢到信州周边游览，所见所闻必入词中："明月别枝惊鹊，清风半夜鸣蝉。稻花香里说丰年，听取蛙声一片。"（《西江月·夜行黄沙道中》）"茅檐低小，溪上青青草。醉里吴音相媚好，白发谁家翁媪？"（《清平乐·村居》）

他人看来的寻常情景在辛弃疾笔下显得格外细腻且充满农趣，让人读来仿佛听到了一曲清新朴实的田园牧歌。辛弃疾并不会与农民保持距离，而是深入百姓中去，与他们分享丰收的喜悦，分担现实的忧愁。他尤其注意农民对于好年景的期盼，丰收或者歉收，农民脸上的表情他都记得清清楚楚："父老争言雨水匀。眉头不似去年颦。殷勤谢却甑中尘。"（《浣溪沙·父老争言雨水匀》）

农民们感叹风调雨顺，眉头舒展，不再担心无米下锅，辛弃疾也由衷地为他们感到高兴。辛弃疾是热爱乡村生活的，随着时间的推移，他完全融入了乡村，对于这里的一切他都体察入微，最终呈现为淡然美好的作品："陌上柔桑破嫩芽。东邻蚕种已生些。平冈细草鸣黄犊，斜日寒林点暮鸦。山远近，路横斜。青旗沽酒有人家。城中桃

李愁风雨，春在溪头荠菜花。"（《鹧鸪天·陌上柔桑破嫩芽》）

这首描写乡村春日的词中处处是农事，处处是美景：路边的桑树长出了嫩芽，邻居家的蚕种也生出了小蚕。山脊上绿草一片，一头小牛在那里哞哞地叫；黄昏的落日下，几只乌鸦落在林子的树枝上。走在远近横斜的山路上，不远处看到了酒幌，不禁喜出望外。城中的桃花李花虽然开得艳丽，但它们会害怕风雨的摧残，这乡村野外溪边自在开着的荠菜花才能代表真正的春天。

这首词的最后一句是作者的议论，"城中桃李"代表了喧嚣的外在世界，"溪头荠菜"则是作者田园情趣的体现，很显然，归隐带湖的辛弃疾对喧嚣的城市生活已经十分厌倦，而对淳朴自然的田园生活则是无比热爱。

愁似天大，心绪难平

辛弃疾闲退信州的十年虽然有让人着迷的乡村、美景相伴，但他的内心始终存在着出世与入世的矛盾。少年时期就树立的雄心壮志和壮年时期的铁腕执政对他如今的生活仍然不断地产生着冲击。眼下的生活虽然暂时获得了安宁，躲避了尘世纷扰，但那终究不是辛弃疾最想要的。辛弃疾的志向是整顿乾坤、建立功勋，因而他内心的矛盾从始至终都没有得到化解。因此，辛弃疾的词作中经常出现许多让他忧愁万分的作品："近来愁似天来大，谁解相怜。谁解相怜。又把愁来

做个天。"(《丑奴儿·近来愁似天来大》)"而今识尽愁滋味，欲说还休。欲说还休，却道天凉好个秋。"《丑奴儿·书博山道中壁》

愁似天大，无处派遣，辛弃疾通常会借酒浇愁，这段闲退岁月大概是辛弃疾一生中饮酒最多的时期了，而酒也就自然常出现在其词作中："醉里且贪欢笑，要愁那得工夫。"(《西江月·遣兴》)"总把平生入醉乡。大都三万六千场。今古悠悠多少事，莫思量。"(《浣溪沙·总把平生入醉乡》)

辛弃疾的词作在创作上有一个非常大的特点，就是喜欢虚构对象，让自己和对方说话，通过对话表明自己的观点态度："昨夜松边醉倒，问松我醉何如。只疑松动要来扶。以手推松曰去！"(《西江月·遣兴》)

辛弃疾在松树边喝醉了，还要问问松树我的形象怎么样啊？他眼前摇晃以为松树要来扶住自己，赶紧用手推了一下松树说："走开！"这真是醉酒后的辛弃疾自导自演了一出大戏。

长期喝酒可能让他的身体有些吃不消，有一天辛弃疾又突发奇想要和杯子说话，这一次的主题是要"戒酒"："杯汝来前，老子今朝，点检形骸。甚长年抱渴，咽如焦釜，于今喜睡，气似奔雷。汝说刘伶，古今达者，醉后何妨死便埋。浑如此，叹汝于知己，真少恩哉。更凭歌舞为媒。算合作人间鸩毒猜。况怨无大小，生于所爱，物无美恶，过则为灾。与汝成言，勿留亟退，吾力犹能肆汝杯。杯再拜，道麾之即去，招则须来。"(《沁园春·将止酒、戒酒杯使勿近》)

辛弃疾自称"老子"，把酒杯叫过来训斥了一番。他说有歌舞相伴，喝酒就会让人越来越上瘾。然后告诉酒杯赶紧离开，否则就会摔碎它。酒杯也很识趣，对辛弃疾说："让我走我就走，什么时候召唤我我还会来"。

这首词充满了趣味，其实是辛弃疾郁郁不得志、寄情于酒的侧面写照。辛弃疾的愁是家国天下之愁，长期的谪居生活让他愁绪难平。

然而辛弃疾的后半生注定要空老于林泉了吗？并非如此。淳熙十六年（1189 年），宋孝宗禅位于皇子赵惇，宋光宗继位，南宋朝廷迎来了新的皇帝，辛弃疾也将在不久的将来重新步入仕途。

丑奴儿·书博山道中壁

辛弃疾

少年不识愁滋味，爱上层楼。爱上层楼，为赋新词强说愁。

而今识尽愁滋味，欲说还休。欲说还休，却道天凉好个秋。

赏析

　　这首词是作者在带湖闲居时期到博山游览时所作。在风景秀美的博山，辛弃疾再一次想到了让人忧愁的国事，苦于自己对当下的时局无能为力，满腹忧愁无处发泄，就在山壁上写下了这首词。

　　词中写道，少年时期根本不懂什么是忧愁，总喜欢登上高楼游览，为了写出新的作品没有忧愁也要勉强说愁。现如今尝遍了忧愁的滋味，想说出来却又难以言说，只说一句"天气凉爽好一个秋天"。

　　寥寥数语，浅显易懂，但辛弃疾的内心却是风起云涌、波涛翻滚。作者将少年时期无病呻吟的闲愁与当下对于国事的忧愁进行对比，是作者对人生和时局的思考。此时的

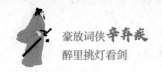
辛弃疾不论是人生经验还是文学创作都进入了一个成熟的阶段，看似浅显的词句蕴含着无限的矛盾，表达了深沉、浓烈、忧郁而又无可奈何的感叹。

第五章

风雨兼程：

识尽忧愁的迟暮英雄

虽然辛弃疾在带湖隐居时怡然自得，然而心中想要北伐的火苗却未曾熄灭。因此，当朝廷发来诏令时，辛弃疾欣然赴任。他想要抓住一切机会施展心中的抱负，然而现实总是那么残酷，通往理想的道路上总是充满了各种艰难险阻。但即便荆棘丛生，辛弃疾依然选择逆流而上，他独自咽下苦楚，为了心中的理想而不懈努力。

接令出山，两任福州

1191 年，辛弃疾远离朝堂，退隐山林已经十年了。十年的时光，让辛弃疾的头上新添了许多白发。已经年过五旬的他已然不似年少时那般强壮，但他初心未改，心中的理想依然是报效国家。

宋光宗登基，复用辛弃疾

1189 年，宋孝宗退位，他的儿子赵惇登基，是为宋光宗。宋光宗继位刚刚三个月，朝廷大臣就联合罢相，左丞相周必大被弹劾，次年王蔺作为周必大的党羽亦被罢免，至此，辛弃疾在朝堂上的主要政敌均已离开朝堂。

1190 年七月，留正被任命为左丞相。留正早年就与辛弃疾相识，并一直十分赏识辛弃疾。朝堂环境的变化给辛弃疾带来了新的机会。

1191 年冬，朝廷再次起用辛弃疾，任命他为提点福建路刑狱公事，之后又兼任福建路安抚使。

初任福州，恪尽职守

辛弃疾初次到福州上任时，曾主持军事。他考察了福州的地形和民情后，感叹道："福州前枕大海，为贼之渊，上四郡民顽犷易乱，

帅臣空竭，急缓奈何！"福州一面朝海，海上盗贼不断，盗贼一来，上四郡的百姓慌乱逃窜，而帅府内又兵力空虚，一旦出事，后果不堪设想。

面对这种情况，辛弃疾展现出他严苛的一面。他一方面从严治理海盗，安抚百姓，让福州的治安得到好转；另一方面，他招募年轻力壮的百姓加入军队，扩充军队人员，还为他们制造上万套铠甲，并对他们进行严格的训练。这些举措增强了军队力量，猖獗的盗贼被打压了下去。

辛弃疾治理福州时，不仅提升了福州的军事力量，在经济方面，他也采取了多种措施。他积极储备钱粮，仅仅用了不到一年的时间，就攒下了五十万缗钱，并放进"备安库"，以备不时之需。

辛弃疾的"备安库"还真是起到了重要作用。辛弃疾发现福州人员兴旺，但是田地不足，当年景不好时，粮食歉收，百姓就食不果腹。为了缓解这样的情况，辛弃疾就在粮食不够时，到广南购买粮食，粮食充裕时，拿出库粮卖给宗室和军人，等秋天粮食价格降低时，再用"备安库"中的钱低价购买大量粮食补充库粮。辛弃疾用这样的办法造福了福州的百姓，解决了百姓们的粮食问题。

除此之外，辛弃疾还想要在福州推行"经界"和"盐法"，却因为触碰了当时上层阶级的利益，而受到重重阻碍。

"经界"是指耕种的田地的分界。《孟子·滕文公上》曰："经界不正，井地不钧，谷禄不平。"意思是，如果田地的分界不正，井田的面积分配得不均衡，俸禄就不公平。当时的福州，大部分田地都在一些地主豪绅手中，百姓不仅没有多少田地，还要上缴各种赋税。辛弃疾通过深入走访调查后，写了一篇奏疏《论经界钞盐札子》上呈朝廷。虽然辛弃疾的奏疏得到了批准，但是他推行经界，也直接损害了地主阶层的利益，受到了他们的各种阻挠。

辛弃疾在《论经界钞盐札子》中还提及了"盐法"。福州的食盐不仅质量不好，价格还很高，渐渐地私盐贩子开始活跃起来，他们私下贩卖一些质量好的食盐从中赚取利益。政府为了解决私盐贩子的问题，强行进行摊派，但依然有很多弊端。辛弃疾想要通过"抑强扶弱"来改善福州的盐法现状，却因为损害了高层的利益而遭到当时朝廷中很多大臣的反对。

尽管辛弃疾的一些策略没能得到实施，但在他的努力下，福州百姓的生活逐步得到改善。

一心所念，仍在国防

任职福州的辛弃疾一边为百姓谋福，同时不忘关心国家的军事大事。收复失地是他一生所愿，为了达成此愿，他接连上疏，向皇帝谏言。终于，皇帝注意到了辛弃疾。绍熙四年（1193 年），辛弃疾被光宗召见，呈上了《论荆襄上流为东南重地疏》。

在这篇奏章中，辛弃疾首先指出，"荆襄上流为东南重地，必然之势也。荆襄合而为一则上流重，荆襄分而为二则上流轻"。辛弃疾在总结了前人经验的基础上，建议光宗将荆湖北路和襄阳地区合二为

一，使其能够彼此呼应，共同调配防守御敌，这样一来，如果金国来犯，也可以依据地理优势对金国形成夹击之势。

接着，辛弃疾又说道，"天下之势有离合，合必离，离必合，一离一合，岂亦天地消息之运乎？"辛弃疾向光宗表明，天下合久必分，分久必合，如此引起朝代更替，而如今，南宋就处于一个离合冲突的特殊时期，如果不把握好时机，就有可能被其他势力所击败。

最后，辛弃疾表示，光宗应该居安思危，任用贤良的能人志士，修理车马，准备器械，进可为北伐收复失地做好准备，退可增强防御抵御敌人，如此，天下才能稳固，社稷才能长久。

辛弃疾的分析有理有据，然而光宗却无进取之心，再加上当时金朝稳固，南宋战力不足，因此辛弃疾的上奏并未获得光宗的认可。虽然辛弃疾满腔热血，一心想要收复失地、夺回故土，却生不逢时，他的一腔热血在南宋终究是无用武之地了。

再任福州，继续推行"经界"和"盐法"

辛弃疾面见光宗后不久，就被任命为太府卿，于是，他离开了福州去往京城履职。太府卿的职位并不低，但没有实权，辛弃疾在京城时主要负责管理库藏、商税等事务。约半年后，辛弃疾又被派回福州。这次辛弃疾是以朝散大夫加集英殿修撰，兼福建安抚使的身份任职福州。

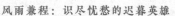

再次来到福州，辛弃疾想要继续推行"经界"和"盐法"，但是福州的问题根深蒂固，其中涉及太多人的利益与是非。虽然辛弃疾一心想要改正这些问题，但是上有重臣阻挠，下有官吏阳奉阴违，在这样的背景下，没有朝廷的支持，单单靠辛弃疾一人，想要大刀阔斧地改革，实在难以成功。

辛弃疾的措施无法实行，想要辞官归隐，却遭到他儿子的反对。于是，辛弃疾给儿子写了一首词——《最高楼·吾衰矣》："吾衰矣，须富贵何时。富贵是危机，暂忘设醴抽身去，未曾得米弃官归。穆先生，陶县令，是吾师。待葺个园儿名佚老，更作个亭儿名亦好。闲饮酒，醉吟诗。千年田换八百主，一人口插几张匙？便休休，更说甚，是和非。"在词中，辛弃疾暗讽了追求功名利禄的俗人，表达了自己想要归隐的志趣。

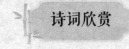

诗词欣赏

行香子·三山作

辛弃疾

好雨当春，要趁归耕。况而今、已是清明。小窗坐地，侧听檐声。恨夜来风，夜来月，夜来云。

花絮飘零。莺燕丁宁。怕妨侬、湖上闲行。天心肯后，费甚心情。放霎时阴，霎时雨，霎时晴。

赏析

这首《行香子·三山作》写于宋光宗绍熙五年（1194 年）春，当时辛弃疾正在福州任职。他在福州推行"经界"和"盐法"，可是事与愿违，遭遇阻挠，辛弃疾心灰意冷，于是向皇帝上书请求归隐，但是朝廷没有准奏。

在多年的仕途生涯中，辛弃疾深感君心难测，正值清明节这阴晴难定时节，他坐在一处小窗下，写下了这首词。

词的上片首先写出作者想要归乡耕种的心愿，"当春""要趁""况而今"情绪上层层递进，体现了作者归隐之心的急迫。接着点明作者听雨的地点与情形，最后用"恨"字贯穿"夜来风，夜来月，夜来云"。这里

其实是运用比兴的手法，暗示自己已经不想再继续忍受朝堂上的诽谤与迫害，并对朝廷迟迟不答复自己归隐的奏请表示愤恨。

　　词的下片作者首先写出残春之景，以飘零的花絮、莺燕的叮咛来暗示自己依然被牵制，无法自由地离开。接着用"天心肯后，费甚心情"直截了当地阐明自己等待的焦灼心情。最后用"放霎时阴，霎时雨，霎时晴"来说出君心如这天气般难以预测，自己愤懑却无计可施。

　　整首词运用了比兴的手法，抒发了作者想要归去而不能的愤懑与无奈。

风波又起，踏上归途

辛弃疾

辛弃疾一生的仕途十分坎坷，每当他想要大展宏图之时总会遭遇各种风波，心中的抱负难以施展。

遭遇弹劾，谪居上饶

　　辛弃疾在福州推行"经界"与"盐法"受阻，想要隐退朝堂却又未被批准，只好继续在福州兢兢业业做事。但朝堂之风说变就变，辛弃疾处于政治的漩涡中总是身不由己。

　　绍熙五年（1194 年），台臣王蔺弹劾辛弃疾，指责他挥霍朝廷钱财，杀人不眨眼，说他早晚要称霸闽中。在王蔺的弹劾下，辛弃疾在福州的任职被罢免，于是他又回到上饶居住。

光宗退位，风云突变

　　绍熙五年（1194 年），宋孝宗去世，宋光宗拒绝主持葬礼，这引起许多大臣不满。韩侂胄与赵汝愚趁此发动政变，拥护皇子赵扩继位，即宋宁宗，宋光宗被迫退位。宋宁宗虽然登基成为皇帝，但是朝中的主要大权却握在韩侂胄与赵汝愚手中。两位大臣在拥立新帝时目标一致，然而目标达成之后，两人却又各怀心思，大权在握的韩侂胄

开始党同伐异，试图除掉赵汝愚。

赵汝愚也不甘示弱，他联合朱熹，一起弹劾韩侂胄。在这场斗争中，韩侂胄最后取得了胜利，宋宁宗只好罢免了赵汝愚，将他流放到永州。

党派的斗争往往会波及很多人，赵汝愚在这场斗争中失败后，所有此前支持他的人都受到了牵连，其中就包括朱熹。

韩侂胄打击赵汝愚和朱熹，一方面是为了争夺权力，另一方面则是因为政治主张不同。韩侂胄认为，赵汝愚和朱熹所提倡的"修身养性"的理学，主张让人们自省，会导致人们失去北伐的动力，于是他称朱熹的理学为"伪学"。

赵汝愚和朱熹先后被打压导致一时间人心惶惶，所有与朱熹有关的人均被视为"伪学逆党"。

辛弃疾作为赵汝愚和朱熹的好友，也被视为"伪学逆党"的一员。虽然他无心参与权力之争，而且此时已经远离朝堂，身在上饶，却依然受到了这次斗争的波及，连没有实权的职名也被夺去。

诗词欣赏

水龙吟·老来曾识渊明

辛弃疾

老来曾识渊明，梦中一见参差是。觉来幽恨，停觞不御，欲歌还止。白发西风，折腰五斗，不应堪此。问北窗高卧，东篱自醉，应别有，归来意。

须信此翁未死，到如今凛然生气。吾侪心事，古今长在，高山流水。富贵他年，直饶未免，也应无味。甚东山何事，当时也道，为苍生起。

赏析

绍熙五年（1194年），辛弃疾遭遇弹劾，退居上饶。仕途一再受挫，令他颇感失意。那段日子，他终日闷闷不乐，沮丧至极。而这首《水龙吟·老来曾识渊明》就可能作于那一时期。

词一开篇便提及陶渊明，起笔看似平淡，却含义深刻，耐人寻味。辛弃疾想说的是，他与陶渊明——这位东晋隐逸诗人曾在梦中相会、相识、相交，而随着自己年华渐渐老去，他对陶渊明的认识也变得越来越深刻。在他看来，陶渊明退隐山林，过着"北窗高卧，东篱自醉"的生活，不单单是为了保全风骨，不为五斗米折腰，还应该另有深意。

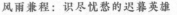

下阕中，词人进一步阐述道："须信此翁未死，到如今凛然生气。"他坚信陶渊明的高洁精神和凛然正气将长留人间，而不会随着时光逝去而消散。而他虽然与陶渊明所处的年代不同，却有着相似的风骨与志向。他们所思所忧的都是家国大事，骨子里流着同样的热血，也有着同样的倔强——哪怕历经世事风霜，也绝不向跌宕起伏的命运低头。正因如此，辛弃疾引陶渊明为千古知己。在下阕的末尾，词人感叹道，如果日后他再次步入仕途，绝不是为了荣华富贵，而是为了天下苍生，这一点，唯有陶渊明这样与他心意相通的人才能懂。

这首词既有议论，又有抒情，整体语调沉郁，情感真切，表达了辛弃疾被罢官后的郁闷、失望的心情。

谛居铅山，热血难凉

辛弃疾

官场失意的辛弃疾被罢免后又回到了带湖，此前他已经在这里居住了十多年。再次回到曾经疗愈他内心的地方，熟悉的感觉扑面而来，让他又想起了过去隐居于此的时光。如果余生都无法再在朝堂上施展抱负，那么在此隐居度过余生也是一桩幸事吧。

带湖失火，移居铅山

绍熙五年（1194年）夏，无官一身轻的辛弃疾回到上饶，他想着既然雄心壮志无法实现，余生不如隐居于此，过饮酒作词、闲云野鹤的生活。既然心思已定，首先要做的就是兴建新居。辛弃疾在铅山县期思村的瓢泉选了一处好位置，便开始在那里兴建新居和庄园，从此"便此地结吾庐，待学渊明，更手种门前五柳"。

庆元元年（1195年）春，瓢泉新居建成，辛弃疾对新居十分满意。新居视野开阔，坐在窗前，恰好能看到远处的青山，正如他在词中所写"新葺茅檐次第成。青山恰对小窗横。"

仿佛冥冥中自有安排，庆元二年（1196年）夏，辛弃疾的带湖庄园失火。这场大火毁掉了他大部分的积蓄，带湖庄园也无法再居住，还好瓢泉庄园已经建成，于是他带领全家一起搬至铅山的瓢泉庄园居住。

游山玩水，田园生活乐无穷

在铅山的日子里，没有了朝堂之事烦心，辛弃疾又可以自在地游山玩水了。浅水深潭，低谷山川，春夏百花，秋冬月雪，辛弃疾寄情于山水之中，开阔的视野让他忘却了心中的烦闷，辽阔的天地让他意识到自己的渺小。大自然的一切都是那么美好，疗愈着辛弃疾在官场中留下的累累伤痕。

铅山地处江南，处处是清新的田园风光，瓢泉的村民热情而质朴，辛弃疾在此处居住，内心渐渐平静下来。恬静的生活给他带来诸多灵感，让他在这一时期写出了大量词作，如《临江仙·戏为期思詹老寿》《浣溪沙·父老争言雨水匀》《玉楼春·戏赋云山》等。他用词句"青山意气峥嵘。似为我归来妩媚生"描写瓢泉的田园风物，用词句"父老争言雨水匀。眉头不似去年颦"描写瓢泉人们的生活情态，在词句中抒写民俗生活，表达着对这个地方无尽的喜爱。

内心深处，凌云壮志意难平

铅山气候宜人，自然风光优美，再加上当地民风淳朴，辛弃疾在铅山赏花观月，饮酒赋诗，自然是轻松自在。然而当朋客离开，夜深人静独处之时，面对忽明忽暗的烛光，藏在内心深处的凌云壮志却如团团烈火不受控制地涌上心头。青年时驰骋沙场是多么的豪迈，有生之年，是否还能再次披上战甲，回到那喊声冲天的战场，与敌人一较高下，收复万里山河？每每念及此，辛弃疾的心便又无比沉重，可是却无人可以诉说，于是，他便将满腔的热血写进词中，汇成一首首气吞山河的名词佳句流传千古。

"叠嶂西驰，万马回旋，众山欲东。正惊湍直下，跳珠倒溅，小桥横截，缺月初弓。老合投闲，天教多事，检校长身十万松。"别的词人见景是景，辛弃疾见景想到的却是骁勇善战的勇士和万马奔腾的恢宏场景。

庆元四年（1198 年），朝廷重新任命辛弃疾为集英殿修撰，主管建宁府武夷山冲佑观。听闻朝廷要重新起用他，想到心中的理想或许还有实现的可能，辛弃疾的内心充满了喜悦，他在《鹧鸪天·戊午拜复职奉祠之命》中写道"此身忘世浑容易，使世相忘却自难"。

辛弃疾虽一心想要北伐、收复失地，然而在历史的洪流中，个人的力量是那么的微不足道，即便辛弃疾英雄盖世，也终究无法力挽狂澜。

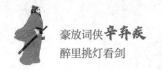

铅山辛弃疾雕像

诗词欣赏

鹧鸪天·壮岁旌旗拥万夫

辛弃疾

有客慨然谈功名，因追念少年时事，戏作。

壮岁旌旗拥万夫，锦襜突骑渡江初。燕兵夜娖银胡䩮，汉箭朝飞金仆姑。

追往事，叹今吾，春风不染白髭须。却将万字平戎策，换得东家种树书。

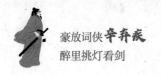

赏析

　　辛弃疾正值青春年少时，起义抗金，率领上万起义军归附宋朝，而后在宋朝为官二十余载，经历数次弹劾，心中抱负无法施展。晚年谪居江西铅山时，一次恰巧与人谈起建功立业之事，辛弃疾便回想起自己从青年到晚年的这些经历，因而创作了此词。

　　词的上阕描写的是辛弃疾青年时的戎马时光。那时他率领上万人的义军，穿着锦绣短衣渡江而来，金兵晚上枕着箭袋小心防备，义军出其不意，拂晓就发起进攻。作者用"拥""渡""飞"等动词凸显出战争的气势，用"旌旗""锦襜""银胡䩮""金仆姑"等名词烘托出战争的场面，描写得形象生动，极具感染力。

词的下阕开头用"追"和"叹"直接把思绪由回忆拉回现实，接着发出"春风不染白髭须"的感叹，表达了作者对韶华易逝、青春不再、壮志难酬的慨叹。下阕最后作者指出"万字平戎策"无用武之地，还不如拿它来换"东家种树书"。作者用调侃的语气表达出自己的政治悲剧，读来让人不禁扼腕叹息。

哭祭知己，悲痛欲绝

辛弃疾在谪居铅山的日子里，过着与世无争的田园生活，令他感到安慰的就是还能和好友们保持联系。他们或相聚一堂，或互通信件，畅谈理想与过往。辛弃疾多么希望时光就停留在此刻，但是两鬓渐生的白发却在无情地提醒着他时光的流逝，而好友的相继离世也令他心痛不已。

旧友长别，陈亮溘然离世

宋光宗绍熙四年（1193 年），陈亮参加科举考试，被宋光宗亲擢为状元，之前两次参加科举考试却都未得中的他在这一年终于得偿所愿。陈亮与辛弃疾一样，心怀天下，希望有朝一日能够北上伐金，壮大宋朝，这次中榜授职让他离心中的抱负似乎又近了一步。然而，造化弄人，陈亮还未来得及前去赴任就得了一场大病，最终于宋光宗绍熙五年（1194 年）赍志而殁，享年 52 岁。

辛弃疾与陈亮年少时因为互相欣赏而相识。两人志趣相投，一生都以恢复中原故土为志，虽屡遭现实的摧残，却不改初心，以家国天下为己任。

辛弃疾在得知陈亮离世的消息后悲痛不已。遥想当年，二人共饮瓢泉，同游鹅湖，共谈天下国事，何等畅快。辛弃疾之后还在《贺新郎·同父见和再用韵答之》中写道："我最怜君中宵舞，道'男儿到死心如铁'。看试手，补天裂。"如今，旧友长别，以后哪儿还有机

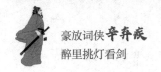
会"看试手，补天裂"？

悲痛的辛弃疾写下《祭陈同甫文》来纪念这位知己好友，他在文中写道："而今而后，欲与同甫憩鹅湖之清阴，酌瓢泉而共饮，长歌相答，极论世事，可复得耶？"从今以后，鹅湖之畔再无法出现陈亮的踪影，那个与辛弃疾挑灯谈论时事的知己再也不会回来了。

故人的离去，让辛弃疾的内心感到无比悲痛、落寞，可辛弃疾知道，在接下来的岁月里，自己的好友只会一个接一个地相继离去。

故人远逝，朱熹与世长辞

从庆元元年（1195 年）开始，韩侂胄进行了一系列打击伪学的活动，先后罢免赵汝愚、朱熹等人，并建立伪学逆党人员名单，众多研究理学或与他们有关系的人都受到波及。其中，朱熹作为理学的集大成者，自然是被打击的头号对象。已年过六旬的朱熹本就深受病痛的折磨，再加上这场"庆元党禁"事件的打击，身心俱疲，最终在宋宁宗庆元六年（1200 年）因病情恶化而去世。

正在家中读书的辛弃疾，忽然收到朱熹的死讯，震惊之余，心痛不已，虽然知道这一天迟早会到来，可是当这一切真的发生的时候，还是让人无法接受。那个曾经与自己一起畅谈理想、研究治国良策的朋友、知己从今以后再也无法相见了，想到这里，辛弃疾不禁悲从中来。

辛弃疾看着案头的《庄子》，想到与朱熹的相识，一时感慨万千。辛弃疾去福州上任之时，朱熹就在武夷山，辛弃疾欣然前往拜会朱熹，二人促膝长谈，并一同游览武夷山的奇山异水。心情畅快的辛弃疾一口气写下了十首七绝诗《游武夷，作棹歌呈晦翁十首》。临别时，知道辛弃疾要去福州任职，朱熹还特意送了他十二个字："临民以宽，待士以礼，驭吏以严。"辛弃疾也正是按照朱熹的嘱咐去做的，他在福州尽职尽责，造福了一方百姓。辛弃疾与朱熹二人虽然志向不同，但是二人均有忧国忧民之心，如此赤诚之心让二人视彼此为知己。

这些年来，辛弃疾深感自己越来越衰老，朋友一个接一个地离去，"白发多时故人少"。陈亮的去世已经让他心痛不已，朱熹的去世又让这种心痛更加雪上加霜，回顾这一生，本就"交游零落"，"知我者"不过"二三子"，然而，就连这仅有的几个朋友也相继离开了。

朱熹的离世让"庆元党禁"事件的发起者感到惶恐和不安，他们担心，朱熹的死会让支持理学的人前来为朱熹送葬。如果众多人员聚集起来，一定会谈论政治得失，为朝廷带来隐患，于是朝廷下令禁止为朱熹送葬。

禁令一下，让众多原本打算去为朱熹送葬的人不得不折返回家。但是到了下葬那天，依然有上千人不顾禁令，冒着危险，突破重重阻挠，跨过千山万水前来送行，其中就包括辛弃疾。

排除万难的辛弃疾来到武夷山与挚友朱熹见最后一面。同样是武

夷山，当初与朱熹同游时为何觉得青山处处妩媚，此时却满目凄凉？

辛弃疾在武夷山所走的每一步都变得格外沉重，悲痛的他为朱熹写下："所不朽者，垂万世名。孰谓公死，凛凛犹生。"

诗词欣赏

贺新郎·甚矣吾衰矣

辛弃疾

邑中园亭，仆皆为赋此词。一日，独坐停云，水声山色，竟来相娱。意溪山欲援例者，遂作数语，庶几仿佛渊明思亲友之意云。

甚矣吾衰矣。怅平生、交游零落，只今余几！白发空垂三千丈，一笑人间万事。问何物、能令公喜？我见青山多妩媚，料青山、见我应如是。情与貌，略相似。

一尊搔首东窗里。想渊明、停云诗就，此时风味。江左沉酣求名者，岂识浊醪妙理？回首叫、云飞风起。不恨古人吾不见，恨古人、不见吾狂耳。知我者，二三子。

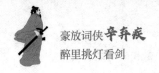

赏析

　　辛弃疾在瓢泉隐居之时，院落中有一处"停云堂"，该堂之名取自陶渊明的《停云》一诗，此篇词作便是仿照《停云》为"停云堂"而题的词。

　　词的上阕引用了孔子的典故，《论语·述而篇》中记载："甚矣吾衰也，久矣吾不复梦见周公。"孔子慨叹的是"其道不行"，而这里辛弃疾用"怅平生、交游零落，只今余几"慨叹自己年事已高，心中抱负尚未实现，故交也已零落。接着作者借用李白《秋浦歌》中"白发三千丈"和《晋书·温峤传》中的"能令公喜、能令公怒"的典故，继续感叹此生一事无成人却老，渲染出悲凉的气氛，表达了作者孤寂的心情。然后，写道

"我见青山多妩媚，料青山、见我应如是"，
这一句作者将情感从人转移到物，写法极为
精妙。这里采用拟人、暗喻的手法，表明作
者因无物（人）可喜，转而将情感寄托在青
山上，觉得青山"妩媚"，然后又写道青山
也会觉得人"妩媚"，这里借用青山来揭示
作者的内在感情，表达方式婉转而又有新
意，感染力极强。词的上阕最后，作者用
"情与貌，略相似"表明青山与自己在性格
与面貌上相似，表达自己内心不屈的追求。

词的下阕首句将陶渊明《停云》中的诗
句浓缩，遥想陶渊明写诗时的境况，抒发自
己与陶渊明的相似之处，即饮酒度日，不过
是因为志同道合之人不在身边，这里暗中
呼应了上片中的"交游零落"。接着作者用
"江左沉酣求名者，岂识浊醪妙理？回首叫、
云飞风起"讽刺南宋没有像陶渊明一样的饮
酒高士，高高在上的统治者不过是醉生梦死

罢了。然后作者写道"不恨古人吾不见，恨古人、不见吾狂耳"，表达出作者豪视古今的气魄。最后作者用"知我者，二三子"，再一次表达良朋稀有、志同道合者少的感慨，再次与上阕中的"交游零落"相呼应。

整首词运用拟人、暗喻等多种表现手法，借用多重典故，表达了作者对于志同道合之人难求的感慨，并流露出年华易逝、怀才不遇、壮志难酬的悲情。

第六章

揾英雄泪：赍志以殁的词坛飞将

世事多变，风云难测，惊喜与失落常常相伴
而行。

　　年逾花甲，已至暮年的辛弃疾终于等来了北伐
的机会，然而尚未走上战场，便被贬官归家，添了
新恨一场。落日楼头，空将栏杆拍遍，远望山河
万里，终成慷慨悲歌。

花甲之年，起帅浙东

辛弃疾

人生暮年，华发已生，辛弃疾依旧气势豪迈，斗志昂扬。时光会让英雄老去，却无法抹去他心中的壮志。"凭谁问，廉颇老矣，尚能饭否？"

壮心不已，热血难凉

北方蒙古的兴起给金朝的统治带来了压力。蒙古的势力日益壮大，不时进攻金朝，金朝将士疲于应战，国力日渐衰微。

南宋朝廷同样察觉到了局势的变动，以宰相韩侂胄为首的部分官员开始主张北伐抗金，认为这是一个收复失地的好机会。朝廷中北伐的声量逐渐增大，一直以来主张北伐的辛弃疾再次被人们想起。

1203 年，辛弃疾被任命为绍兴知府兼浙东安抚使。在南宋，安抚使是掌管军务治安的官员，一般由知府或知州兼任。朝廷将辛弃疾任命为浙东安抚使，便是一个即将重用他的信号。

自从南归以来，辛弃疾的仕途虽称不上扶摇直上，却也是稳步上升的，但是更多的时候，辛弃疾都是作为文官被委派到各地的。辛弃疾的心里始终渴望着驰骋疆场、上阵杀敌，所以，他是不得志的。尽管政绩斐然，他却始终感觉不到真正的快乐。

如今，辛弃疾已经六十四岁了，年过花甲的老人还能否拿得起尘封的长剑？这个问题辛弃疾早有答案，"男儿到死心如铁"，纵使遭受多年冷落，到底热血难凉。

到达绍兴后，辛弃疾去见了一位自临安（今浙江杭州）归来的老人，这位老人便是与辛弃疾一样满怀北伐理想的陆游。此时的陆游已经七十八岁了，步履蹒跚，苍颜白发，但依旧精神抖擞，和辛弃疾一起畅谈国事，分析敌情。

陆游听闻辛弃疾被起用后十分兴奋，他还作了一首诗以勉励辛弃疾，"中原麟凤争自奋，残虏犬羊何足吓"，希望辛弃疾能够顺利出师，收复河山。

北伐的号角使身处暮年的陆游与辛弃疾再次燃起了北定中原的希望，但二人心里都很清楚，想要北伐成功，依旧困难重重。

小心筹谋，厚积薄发

辛弃疾保持着谨慎的态度，多方打探消息，只为了得到更为准确的情报，让宋军不至于处于被动局面。

辛弃疾的努力没有白费，宋宁宗召见了他，并询问北伐的诸多事宜。辛弃疾将自己整理的情报汇报给宋宁宗，并表示当下的确是挥师北上的绝佳机会，但仍需做好万全的准备，对军队进行训练，使其具有抵抗金军的能力。

但韩侂胄并不这样认为，他想要通过北伐来树立威望、建功立业。因此，他鼓动宋宁宗即刻准备北伐，一鼓作气，趁势而上。在韩侂胄眼里，北伐只是他稳固地位的工具。加之宋宁宗想要通过北伐稳固帝位，获取民心，因此听信了韩侂胄的建议，贸然北伐抗金。

　　辛弃疾与君王的这次对话并不愉快，虽然等待北伐已有四十年，但他明白，发动战争需要长久的准备，进行多方筹谋。因为战争一旦开始，可能造成的后果将是难以预计的。只有经历过战争，才更明白和平的可贵。可惜，长久浸润在绵绵细雨中的南宋，已经忘记了战争的残酷，曾经仓皇出逃的屈辱，早已成了黯淡的历史。

诗词欣赏

汉宫春·会稽蓬莱阁观雨

辛弃疾

秦望山头，看乱云急雨，倒立江湖。不知云者为雨，雨者云乎？长空万里，被西风、变灭须臾。回首听、月明天籁，人间万窍号呼。

谁向若耶溪上，倩美人西去，麋鹿姑苏？至今故国人望，一舸归欤。岁云暮矣，问何不鼓瑟吹竽？君不见，王亭谢馆，冷烟寒树啼鸟。

赏析

　　《汉宫春·会稽蓬莱阁观雨》作于1203年，是辛弃疾在绍兴会稽的蓬莱阁观雨时所作。

　　整首词结构清晰，上阕写景，下阕抒情。用"乱云急雨"突出雨势之大，骤然而来，一会儿便呈倾盆之势。但在须臾之间，清风袭来，云销雨霁。

　　下阕用"若耶溪"引入吴国灭亡的故事。若耶溪在会稽不远处，相传是西施浣纱之地。当年吴王沉迷美色，建造姑苏台，如今早已荒芜，满是麋鹿。而"王亭谢馆"又与前句相扣，魏晋时王谢两家的亭台楼阁也满是萧瑟之景。这里借古讽今，用吴国与王谢两家的历史结局提醒统治者，要有忧患意

识，不能贪图享乐。

　　纵观整首词，从风雨的变化写到朝代的兴衰，由景入情，层层递进。辛弃疾将对国家的担忧融入词中，使得整首词充满了沉郁悲凉的感情色彩。

筹谋北伐，备战镇江

宋宁宗嘉泰四年（1204 年），辛弃疾被派遣到镇江做知府。镇江地处长江下游沿岸，江北便是金国，可以算是抗金第一线。镇江河网密布，漕运发达，地势平坦，土壤肥沃，自古便是兵家必争之地。三国时期，吴国曾在此处设京口镇，因而镇江也被称为京口。

辛弃疾自然清楚镇江的重要性，因此在抵达镇江之后，便加强对这里的军事管理。

辛弃疾在巡查时发现，镇江地区的士兵普遍畏惧金兵，士气不足。由于在短时间很难让士兵变得勇猛，所以辛弃疾便另辟蹊径，决定招收大量新兵，这样既可以扩大军队的规模，也可以鼓舞士气。

辛弃疾下令在淮河一带招收新兵，并对新兵进行了一系列的训练，以提高他们的作战能力。辛弃疾还特意将新兵与老兵分开训练，这样就可以防止老兵将对金兵的恐惧传染给新兵。

辛弃疾一边积极备战，一边小心谋划，为了北伐努力做着准备。闲暇时分，辛弃疾最喜欢到江边的北固亭去。站在亭中，看山下江水滔滔，奔流不息，辛弃疾在这里留下了众多千古名篇。

"何处望神州？满眼风光北固楼。"在浩瀚江水面前，四季更迭、朝来暮往，都是这般自然。几息之间，便是物转星移。人世间的盛衰荣辱、爱恨情仇，到最后也不过青史几章。

面对盛大的景象，心境也会更加开阔，但心有执念的人，纵是美酒轻裘，也难了牵挂。辛弃疾羡慕孙权的荣耀，认为他年纪轻轻便能在曹、刘之间周旋，守住一方疆土，是少年英豪。殊不知，年少的辛弃疾也曾那般耀眼，纵马长歌，不畏前路跌宕。

收复河山是辛弃疾化不开的执念，如同荒山上的月光，在每个无

人问津的夜晚爬上山头，周而复始，不曾离去。在无数个无眠的长夜里，辛弃疾回忆着当年，哀叹世事艰辛。但即便如此，在他心中，收复中原的那盏烛光始终不曾熄灭。

镇江北固山——登高远眺，心旷神怡

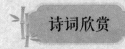

永遇乐·京口北固亭怀古

辛弃疾

千古江山，英雄无觅孙仲谋处。舞榭歌台，风流总被雨打风吹去。斜阳草树，寻常巷陌，人道寄奴曾住。想当年，金戈铁马，气吞万里如虎。

元嘉草草，封狼居胥，赢得仓皇北顾。四十三年，望中犹记，烽火扬州路。可堪回首，佛狸祠下，一片神鸦社鼓。凭谁问：廉颇老矣，尚能饭否？

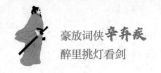

赏析

　　《永遇乐·京口北固亭怀古》写于1205
年，也就是开禧元年。这一年，北伐刚刚开
始。辛弃疾身在前线，对北伐期盼已久，但
心中又满是担忧，不知国家前途何在。于
是，他便常常登临北固亭，看江水悠悠，凭
吊怀古。

　　千年已过，如今再也没有像孙权一样的
英雄了。东吴建造的楼台还在，当时的人却
早已成为历史。南朝刘宋的开国君主刘裕曾
住过的房子如今已满是杂草。

　　辛弃疾回到南宋已有四十三年，当年南
下时，也是金戈铁马的少年英豪。岁月不堪
回首，北魏太武帝拓跋焘的行宫早已被改建
为祠堂。自己有心抗金北伐，依旧有当年金

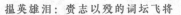
戈铁马的豪情，但却对前路充满了担忧，希望这次北伐不要像南朝宋元嘉年间的北伐一样，仓促开始，失败告终。

"廉颇老矣，尚能饭否？"廉颇年老后，胃口依旧，还能挥剑上战场。辛弃疾此时也已经年过花甲，依旧壮心不已，能够披挂上阵。这一句，是在表达自己北伐的决心，却以问句结束，说明心中还有诸多担忧。辛弃疾将自己复杂的情感放于这一问句之中，不知是在问统治者，还是问自己。

再遭罢黜，忧愤离去

1205 年，宋宁宗改年号为开禧，并决定开始北伐，因而这场战争也被称作开禧北伐。

北伐刚开始，辛弃疾并没有过多的慌乱，而是有条不紊地推进自己的计划，逐步对军队进行改造，让整支军队具备上战场的能力。辛弃疾在等，等一个挥剑上马、浴血奋战的机会。他愿意将热血洒在战场上，去争一个山河无恙、盛世繁昌。

但现实总是如此残酷。朝堂中有些官员看到辛弃疾大刀阔斧地改造军队，就产生了嫉妒心，害怕辛弃疾的军功过高。在韩侂胄这样的官员眼里，辛弃疾不过是发起北伐的棋子。一旦宋宁宗同意北伐，他们便想把他踢出局，以免自己的功劳被抢。他们找了各种各样的理由弹劾辛弃疾，希望皇帝罢免他的官职。

可是这些官员都忽略了一件事，辛弃疾作为南宋朝堂中为数不多的将领，他的军事见解、用兵之道是其他人难以企及的。没有长远的军事谋略，必将在战争中处于被动，被敌军掣肘。如果仅仅依靠韩侂胄这样的官员，是难以取得胜利的。令人遗憾的是宋宁宗最终还是听信了朝堂中的那些流言，罢免了辛弃疾的官职。

辛弃疾来到镇江仅仅一年，便要再次回到铅山去了。一年前，他还怀有希望，纵使白发渐生，依然斗志昂扬。而如今，眼看多年的理想就要实现，却只能遗憾收场。旧梦里山河破碎的痛，终成了堆积在心底永远无法消散的苦。

辛弃疾满腔的豪情，在江南不休的阴雨中消磨殆尽。"叹人生、不如意事，十常八九。"任凭他几番挣扎，到头来依旧是壮志难酬，空梦一场。

诗词欣赏

玉楼春·江头一带斜阳树

辛弃疾

江头一带斜阳树，总是六朝人住处。悠悠兴废不关心，惟有沙洲双白鹭。

仙人矶下多风雨，好卸征帆留不住。直须抖擞尽尘埃，却趁新凉秋水去。

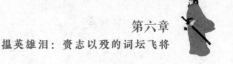

赏析

这首《玉楼春·江头一带斜阳树》写于词人从镇江回铅山的路上。主战多年，马上就能率军北上，却又被罢官，这让他心中满是失望与愤懑，因而这首词充满了悲凉之感。

由"六朝"可知，词人此时在六朝古都建康（今江苏南京）附近。斜阳晚照，江水滔滔，词人立于江边，看着沙洲中的白鹭，不愿再去想王朝的兴废。宦海沉浮，风雨飘摇，如今已经卸任归家，便要将尘埃了去，趁着清凉秋日，尽快离去。

词人用斜阳、江水、白鹭营造出了一幅悠然的画卷，他身在其中，却无意赏景，只

想离开。朝堂的争斗使得词人身心俱疲，自知自己已无法改变当下的局势，便索性洗去纤尘，回乡隐居。

大业未成，抱憾而终

辛弃疾

回到铅山之后，辛弃疾并未消沉太久。虽然被罢免，但北伐是他一直以来想做的事情。如今宋金之间终于开战，辛弃疾自然要关注多方消息，了解当前局势。

在战争初期，宋军英勇出击，旗开得胜，收复了泗州、虹县等地区，军队士气大涨。然而，这样的喜悦并没有持续多久，在金军全力应战之后，准备匆忙、缺少经验的宋军就出现了颓势，转攻为守。

金军大举进攻，短短几月，便占领了真州、扬州等地。身在四川的宣抚副使吴曦眼看宋军节节败退，便暗中向金朝投降，自立为王。虽然最终被擒，但吴曦的叛乱依旧使宋军损失了大量兵力。

眼见宋军溃败，朝廷官员却无可奈何。韩侂胄甚至拿出了二十万钱来补贴军费，依旧于事无补。

此时，有人想到了远在铅山的辛弃疾，但辛弃疾已经病重，无法再领兵打仗了。

1207 年，在某个落木萧萧的秋日里，辛弃疾离开了人世，终年六十八岁。直到离世前的最后一刻，辛弃疾还在喊着"杀贼"，但他的愿望再难实现了。

辛弃疾去世后不久，宋朝便向金求和，并杀死韩侂胄，献其首于金朝。次年，宋金签订《嘉定和议》，宋金之间又获得了短暂的和平。这是南宋最后一次北伐，之后，挥师北上的理想成了虚妄，故国成了回不去的远方。

然而这些都与辛弃疾无关了，他带着无处挥洒的热血离开了人世，抱憾而终。不知梦回时，他可还记得那个一腔孤勇、策马南下的少年。那时的他眉目间满是沸腾的光，在风雨飘摇的朝堂里，做着金

戈铁马的梦。如今梦已破碎，再难重圆。暮年的老人看着远去的江水，眼中只剩苍凉。

在朝堂，辛弃疾没能成为将军，但在文坛，辛弃疾却有"词坛飞将军"的美誉。他将自己慷慨激昂的情感全部赋之于词，写出了众多传世佳作。他将心中的家国梦寄托在词作中，为这些词增添了别样的豪迈色彩。

山东济南辛弃疾纪念祠

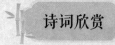

诗词欣赏

洞仙歌·丁卯八月病中作

辛弃疾

贤愚相去，算其间能几？差以毫厘缪千里，细思量义利，舜跖之分，孳孳者，等是鸡鸣而起。

味甘终易坏，岁晚还知。君子之交淡如水。一饷聚飞蚊，其响如雷。深自觉，昨非今是。羡安乐窝中泰和汤，更剧饮，无过半醺而已。

赏析

辛弃疾一生中创作了几百首词，而这首《洞仙歌·丁卯八月病中作》则是他人生中所作的最后一首词。力透纸背，满含辛酸。

"贤愚相去，算其间能几？"词的上阕以一个疑问句开篇，这世上的人有贤愚之分，他们之间有着怎样的差别呢？又差多少呢？接着，词人不紧不慢地作出论述：贤者愚者之间的区别可谓是差之毫厘，谬以千里。舜和跖做起事来都是孜孜不倦、废寝忘食，但舜为贤者、圣人，做的都是善事，跖却是愚者、小人，总是不择手段地争名夺利。在词人看来，这两种人可谓是云泥之别。

下阕中，词人又进一步论述了醴和水的

区别，引出这样一个道理："君子之交淡如水"。行走在人生最后的路途中，每当词人回首过往，想起他曾因审辨不明而将愚者、小人认错为贤者、圣人，并与他们同行就懊悔不已。"羡安乐窝中泰和汤，更剧饮，无过半醺而已。"下阕最后，词人再次强调了自己对退隐生活的眷恋之情。

这首词笔调沉稳、苍凉。此时疾病缠身的辛弃疾仿佛是一座沉寂的火山，纵然心底还蕴藏着无限的能量，却也是无能为力、无可奈何，只能将一切期望、愤懑、感伤都凝聚笔端，化为最后的绝笔。他作下这首词一个月后，便与世长辞，只留无限遗憾在人间。

参考文献

[1] 曾枣庄. 宋代文学与宋代文化 [M]. 上海：上海人民出版社，2006.

[2] 陈祖美，邓红梅. 壮岁旌旗拥万夫：辛弃疾集 [M]. 郑州：河南文艺出版社，2015.

[3] 成立笠. 风流，总在一瞬间 [M]. 西安：太白文艺出版社，2017.

[4] 邓广铭. 辛弃疾传·辛稼轩年谱 [M]. 北京：生活·读书·新知三联书店，2017.

[5] 傅德岷，卢晋. 宋词鉴赏辞典 [M]. 武汉：崇文书局，2005.

[6] 巩本栋. 辛弃疾评传 [M]. 南京：南京大学出版社，2011.

[7] 郭宏文，许杰. 辛弃疾：醉里挑灯他看剑 [M]. 北京：团结出版社，2019.

[8] 郭瑞祥. 天风海雨词中龙：辛弃疾传 [M]. 沈阳：万卷出版公司，2019.

[9] 鸿雁.男儿到死心如铁：辛弃疾词传 [M].北京：北京联合出版公司，2019.

[10] 黄海.人生自是有情痴：唐宋词类说 [M].贵阳：贵州大学出版社，2013.

[11] 黄鸣.中华诗词名句鉴赏辞典 [M].武汉：崇文书局，2015.

[12] 黄益庸.唐宋诗词八大家（下）[M].哈尔滨：黑龙江人民出版社，2006.

[13] 刘默，陈思思，黄桂月.宋词鉴赏大全集（下）[M].北京：中国华侨出版社，2012.

[14] 刘庆云，陈庆元，武夷山辛弃疾学术研讨会组委会.稼轩新论 [M].福州：海风出版社，2005.

[15] 刘杨忠.辛弃疾词选 [M].北京：人民文学出版社，2016.

[16] 马玮.辛弃疾词赏析 [M].北京：商务印书馆国际有限公司，2017.

[17] 庞仁芝，庞博，张爱平.宋元顶级名将 [M].石家庄：花山文艺出版社，2007.

[18] 彭国忠，刘锋杰.豪放词 [M].合肥：安徽文艺出版社，1997.

[19] 鹏鸣.中国诗歌史略 [M].北京：作家出版社，2012.

[20] 上海辞书出版社文学鉴赏辞典编纂中心.唐宋词鉴赏辞典 [M].上海：上海辞书出版社，2016.

[21] 盛庆斌.宋词精品鉴赏 [M].呼和浩特：内蒙古人民出版社，2008.

[22] 施议对.辛弃疾词选评 [M].上海：上海古籍出版社，2018.

[23] 王步高.唐宋词鉴赏 [M].南京：南京大学出版社，2006.

[24] 王晨.辛弃疾的诗词人生 [M].上海：上海社会科学院出版社，2021.

[25] 王丹，邢万军.辛弃疾：从来诗剑最风流 [M].哈尔滨：北方文艺出版社，2019.

[26] 王江山.从万里江山到灯火阑珊：辛弃疾传 [M].北京：人民交通出版社股份有限公司，2019.

[27] 吴熊和.唐宋词精华（下）[M].西安：太白文艺出版社，2001.

[28] 夏承焘等.宋词鉴赏辞典 [M].上海：上海辞书出版社，2017.

[29] 谢家树.中国名人传：辛弃疾传 [M].北京：中国工人出版社，2011.

[30] 辛更儒.辛弃疾词选 [M].北京：中华书局，2018.

[31] 伊鸥.驰骋疆场名震词坛的辛弃疾 [M].长春：吉林人民出版社，2011.

[32] 于永森.稼轩词选笺评 [M].银川：阳光出版社，2015.

[33] 赵林云 . 辛弃疾：剑胆诗心北国魂 [M]. 济南：济南出版社，2020.

[34] 赵晓岚 . 金戈铁马辛弃疾 [M]. 北京：人民文学出版社，2010.

[35] 苏婷 . 稼轩词题序的交际功能 [J]. 湖北文理学院学报，2014（10）：67-70.

[36] 陶文鹏 . 论稼轩词体的集大成与新开创 [J]. 江苏师范大学学报（哲学社会科学版），2020（1）：1-14.

[37] 滕振坤 . 菱湖和辜墩辛氏宗谱对辛弃疾家世后裔填补订正的探讨 [J]. 上饶师范学院学报，2012（1）：9-13.

[38] 王瑛 . 从开禧北伐看南宋政治积弊 [J]. 牡丹江师范学院学报（哲学社会科学版），2014（5）：77-80.